破戒《ハカイ》のススメ

我慢の奴隷から
脱出する44の行動哲学

堀江貴文

実務教育出版

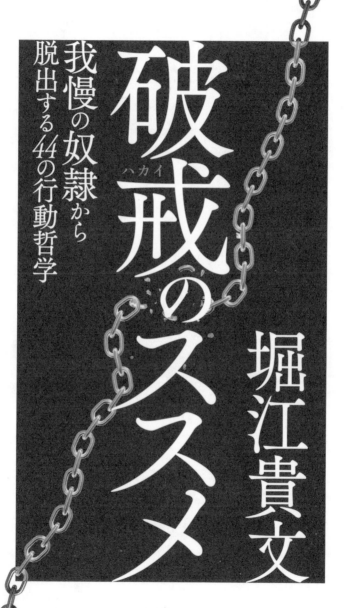

破戒のススメ

我慢の奴隷から脱出する44の行動哲学

令和版 破戒のススメ
我慢に殺されない生き方

はじめに

「破戒」。

この二文字を見て、文豪・島崎藤村の代表作を思い起こした人は多いだろう。

しかし、その意味に思いを巡らせたことのある人はどれくらいいるだろうか。

破戒とは、文字通り「戒め《いましめ》」、つまり特定の行動を制限する縛りを「破る」ことだ。

小説『破戒』の中では、父親から被差別部落出身であることを隠すよう戒められてきた小学校教師が、さまざまな人生経験ののち、生徒に出自を告白することで過去の自分と決別し、新たな人生を踏み出す自己再生の物語として描かれる。

明治時代に書かれたこの小説のテーマと時代性は異なるが、根本的な構造が同じで、令和の日本においていまだに残り続ける無意味な戒めがある。それが「我慢」だ。

日本ほど、我慢が美徳とされる国はない。日常生活のあらゆる場面で、仕事やプライベートのすみずみまで大小の「我慢」が当たり前になっていると言っていい。

そして、日本の歴史の中で戦時中を除き、最高レベルの我慢を強いられている時代がある。それが「いま」だ。

本書では、令和の日本社会全体に蔓延する「我慢」という名の宗教に抗い、「破戒」して行動につなげる考え方と具体的な方法を伝えていく。

この本を書いている現在、東京オリンピックを終えてまもない日本は、たび重なる緊急事態宣言やまん延防止等重点措置（通称：まん防）で僕たちの自由を締め付け、制限している。しかし、感染者数が劇的に減る気配はない。

それはそうだ。この夏から高齢者を中心にワクチン接種が急速に進み、重症者数・死亡者数は着実に減っている。また、若年者の重症化率の低さは科学的に証明されている。それを知っている若者を中心に、「もう我慢の限界」とばかりに、コミュニケーションとレクリエーションを求めて外へ繰り出す人が減らないのは当たり前だ。

それにもかかわらず、政府はイソップ童話『北風と太陽』の北風のように、締め付け一辺倒を止めようとしない。もう、ことなかれ主義を盲信する者たちに任せてはいられない。僕たちは自ら太陽となり、「不要不急」への寛大な空気を生みだしていくべきなのだ。

昨年4月、1度目の緊急事態宣言が発出されたあたりから、移動・遊興・会食を中心にした不要不急の娯楽が、粛正のターゲットとなった。大勢で会ったり、騒いだりすることは事実上禁じられ、多くの飲食店や劇場、イベント会場は営業を停止した。不要不急のビジネスは、だいたい自転車操業だ。お客さんが呼べなくては経営が成り立たない。月単位で休業が続けば困窮は必至だ。蓄えのもつ事業者はひと握りだろう。持続化給付金の制度はあるけれど、家族経営の小さな店などを除いて、ほとんどの事業者には十分な補填とはならない。

僕たちＷＡＧＹＵＭＡＦＩＡの事業も大打撃を受けた。ＥＣ展開やテイクアウトなど素早いピボットでなんとか切り抜けたが、うまく切り回せたところは少数だろう。不要不急を禁じることで、感染拡大は多少、抑えられたのかもしれない。数値上では、一定の効果があったようだ。しかし、不要不急を取り締まった実質的な被害は、政治家の想定をはるかに上回ったのではないか。

莫大な経済的損失、人々の深刻な疲弊、社会の分断は、どう回復させるのか？

きっとプランなんて、用意されていない。一度閉じてしまった店は、「コロナが明けたら再開」なんて、都合よくできるものではない。多くの人たちのやりがいや、人生をかけた挑戦を理不尽に奪った落とし前は、誰がつけてくれるのだろう？


僕は一貫して、「不要不急を禁じる動きはバカげている！」と、発信してきた。

まず、「大勢の会食やイベントを徹底的に弾圧することが、感染拡大のリスクを下げる」という理屈が、どうかしている。人が集まる場でも、きちんと感染対策すればクラスター発生は最小限に食い止められると、科学的な調査で証明されているはずだ。

感染をゼロにすることは、理論上、不可能なのだ。一度地上に現れたコロナウイルスを社会から根絶することは、できない。不要不急を捨てたところで、コロナはいつまでも何年も、グズグズと流行ったり、収まったりを繰り返すに違いないのだ。

感染しないためのリテラシーを身につけることと、もし感染しても万全の治療を受けられる医療行政を整えることが先決ではないか。

「不要不急のことがらを我慢すれば、コロナ禍はきっと収まる」なんて、愚考にもほどがある。市民の我慢で苦しい事態が打開された例は、歴史において、一度もない！

結局、戦時中の根性論と同じだ。

「つらい体験をみんなで共有すれば、奇跡は起きる」「ここを耐えないと改善しない」といった根拠のない希望を信じ、同調圧力で人々はお互いに行動を縛り、災禍が自然に過ぎ去るのを待っている。これほどＩＴが進化しているのに、日本社会はほとんど、変わっていないのだ。

我慢は美徳。何かを成し遂げるには、犠牲が必要。祈れば、いつか神風が吹く……そんな旧態依然とした精神構造で、社会のルールづくりが行われている。僕でなくても、若い世代はみんなあきれ果てているだろう。

変えることは、なかば諦めているかもしれない。でも、不要不急が「悪」とされる今回の風潮だけは、絶対に受け入れてはならない。

遊びや趣味、飲食だけではない。会社、銀行、鉄道、道路、インターネット……。

文明の基礎を築いてきた多くのインフラは、「いまはないけれど、あったら便利だろうな」という、人々の「不要不急への願望」から生まれたものだ。

そう。僕たち人類は、不要不急によって発展してきた。大きな話をしたいわけではない。不要不急を禁じることは、人間そのものを完全に否定するのと同じなのだ。

僕は、みんなに問いたい。コロナの感染リスクと引き換えに、人間の喜びや楽しみを捨て、生き延びることが望みですか？　ウイルスに怯え、除菌された空間に閉じこもり、ただ「生きる」だけの人生に、価値はあるのですか？　と。


いまこの国に求められるのは、高橋是清のような打開力の持ち主だと思う。

是清は、幕府御用絵師の私生児として生まれ、すぐに仙台藩の足軽の養子になり、横浜のヘボン塾などで英語を学んだ。藩命によって13歳で米国留学したが、ホームステイ先で奴隷に売られる。だが独力で交渉を重ねて契約を破棄し、日本に帰国を果たす。その間、しっかりと英語をマスターした。

帰国後は語学力を買われ、教育者や官僚として活躍。やがて日本銀行に入行した。そして横浜正金銀行（現在の三菱ＵＦＪ銀行の前身）に出向し、頭取になって、日銀総裁に上り詰める。以降、首相や大蔵大臣を7回（！）務めるなど、明治から大正にかけての日本政界で巨大な権勢を振るった。日本の近代化に貢献した、グローバルスケールのビジネスマンの先駆者だ。

高橋是清の最大の功績は、日露戦争の戦費調達のため、欧米で日本国債の大量販売に成功したことだ。ロシアに比べ、日本は軍事的にもファイナンス的にも不利と見られていたが、是清は欧米とロシアの微妙な力関係を読み取り、打開策を駆使していく。たとえば、ロシアで虐げられていた同胞を助け出したり、ユダヤ系アメリカ人の銀行家たちの思惑を利用し、旅順攻略戦を成功させ、戦費調達の道筋をつくったりした。是清の手練がなければ、日本が近代国家へ成長するのに不可欠な、欧米との資金パイプをつなぐことはできなかっただろう。

是清は、欧米の市場では地位が低く見られていた日本人のハンディキャップを、卓越した知性と英語力で乗り越えたのだ。ウィットの効いた会話の能力は、気難しいビジネスマンたちだけでなく、レストランのウェイトレスをも魅了したという。

自由の効かない情勢のなかでも酒や芸者遊び、銀山開発などの不要不急のことがらに没頭しつつ、逆境を逆手に周囲を巻きこみながら高い成果を挙げた。是清スタイルの突破法は、いまこそ求められるものだろう。

コロナ禍は、しばらく続く。ワクチン接種は高齢者を中心に急速に進んでいるので、最初のパニックのような事態は今後発生しないと思われるが、「不要不急」が忌避される風潮は、なかなか消えないに違いない。

何度だって言う。不要不急は、人間の本質だ。

緊急事態下だろうと、絶対に否定されるものであってはならない。仮にコロナを押さえこんだとして、不要不急を犠牲にした社会に、明るい未来があるだろうか？いま必要なのは我慢力でも、相互を見張る監視力でもない。規制だらけのなかで、不要不急をやり遂げる「思考と行動の筋肉」だ。

本書は、高橋是清のマインドにも通じる、コロナ社会での最適な「破戒の作法」を説いた。ウイルス感染や他人の目を恐れずに、往来のフリーだったコロナ以前の社会と同様、あなたが思うまま行動できる手助けになれば嬉しい。

お金

1

時間 2

3 人

4 仕事

5 遊び

学び 6

外伝

不要不急のビジネスに没頭するＨＩＵ生たち

1

お金

自問しろ。それは本当に欲しいものか？

目に見えないものが大事な時代が到来している

意外に思われるかもしれないが、若いころの僕はモノへの執着が強かった。ビジネスで成功してお金を稼げるようになってから、最新のパソコンや、仕事道具のほか、車にバイク、時計、ゴルフ用具、家具など、「ぜいたく品」と呼ばれるモノをひと通り買いまくった。割と気軽に友だちにあげたり、捨てたりしていたけれど、六本木に家があったときは、けっこうな量のモノが部屋にあふれていた。

2011年の6月、ライブドア事件の裁判を経て、僕は長野刑務所に収監されることになった。その直前、持ち物をごっそり処分した。家の片づけがすんで、がらんとなった部屋でしみじみ思った。「なんで、あんなにたくさんモノを持っていたんだろう?」と。持ち物の大部分を捨てた僕が感じていたのは、喪失感ではなく、「身軽になれた」という爽快感だった。

あなたにも経験があるだろう。なくしてすぐは悲しいけれど、落ち着いて考えたら、「なんであんなものを大事にしていたんだ?」と、首を傾げてしまう。モノを手放したとき、いかに自分はモノに縛られていたか、気づかされるものだ。

僕は、物欲を否定しない。欲しいモノを得たい情熱や、宝物を守り続ける意欲が、成長を後押しするモチベーションになることもある。若いころの僕も、そうだった。欲しいモノを揃えた生活こそが、豊かさだと思っていた。

だが、モノを一掃して強く感じた。ほとんどのモノは「大切という思いこみ」に覆われた不要品だ。灯台もと暗し。本当に必要なものは気づかないところにあるものだ。

モノの呪縛から解放された

不要品というのは言い過ぎかもしれないが、モノを失ったところで、何ともない。

ましてや、命まで奪われたりなんかしない。逆に、モノは束縛となり持ち主の決断や行動を鈍くしている。本当に大切な情報へアクセスするための障害となっているのだ。モノを手放せば行動のスピードは上がり、アクセスする情報や世界のステージも格段に高まる。僕自身、大切だと思っていたモノを捨てたことで、行動することの価値が自分の中でより明確になっていった。

懲役を終えた後、すっかり僕はモノの呪縛から解放されていた。

車はもちろん、宝飾品やブランド品はまったく買わない。移動に使うジェット機もシェアリングしている。家さえ持っていない。引っ越すときに何を捨てようか、という一般の人の悩みからは完全に解放されているのだ。

人生に本当に必要なものは、行動で得られる感動のみ！　それがわかっていれば、欲しいモノはわずかに限られるはずだ。

ニセモノの安心感に行動を縛られてはいけない

物欲はあってもいいけれど、きちんと自問してほしい。「それは本当に必要なモノか？」と。少しでも答えに詰まったら、それは単なる将来のゴミだ。

あなたの部屋を見まわしてほしい。大切なモノが、たくさん置いてあると思う。良くも悪くも、「捨てられない」「捨ててはいけない」モノばかりだろう。

あえて聞こう。「それ、本心から、大切だと思っていますか？」

あなたはモノが大切なのではなくて、モノの背景にある人間関係や安心感に、見捨てられるのが怖いだけなのではないか？

物欲は結局、不安の表れだ。持っていれば安心でいられる、満たされていられるという、いわば自己催眠の生み出した幻想だ。

欲しいという気持ち、モノへの愛情は、単なる思いこみの場合が9割だ。あなたが愛しているほどに、モノの方はあなたを愛していないのだ。

偽りの安心感や充足に、行動を縛られてはいけない。

欲しいモノで埋められる不安は、ほんの少し経てば、磁石のように余分なモノを呼びこみ、あなたの動きを邪魔するだろう。

ムダに集めた欲しくないモノは、人生の贅肉だ。いらないモノの呪縛を捨てて、軽やかに走り出してほしいと思う。

思考を支える情報獲得に全額賭けろ

正しい情報をすくい取る思考の筋トレを怠るな

新型コロナウイルス騒動について、当初から僕は「経済自粛は必要ない」と訴えてきた。経済が止まれば人命が失われる。だから経済は回すべき。至極ロジカルで倫理的な考えのはずなのに、僕の意見は人命を軽視している暴論として世間から批判される。人命を尊重しているのに何で攻撃されるんだ？　と、不思議でならない。

たしかに、コロナウイルスは未知の部分が多く、正しく恐れる姿勢は必要だ。しかし、経済を止めて自粛に閉じこもるのは、愚かでしかない。

「経済を回したら、ウイルスが蔓延するでしょう？」「人命と経済のどちらが大切ですか？」なんて問いは、無意味だ。人命と経済は「両輪」で回っているのだから、優先順位を決めるべきものではない。なぜ、こんな簡単なことが議論されるのだろう。

人命を救うために経済を殺すなんて、バカげている。人命を救うために人命を犠牲にするという矛盾が生じていると、誰も正面から指摘しない。自粛ムードによって、「死ななくていい人が死にそうになる」無情がまかり通っている現状を、疑問に感じていないのだろうか？

ウイルスと経済は、完全に分けて議論すべきだ。同じ秤《はかり》に乗っけて、傾きをはかり、自粛を厳しくしたり緩めたりするのは、思考停止の骨頂だ。

感染症に、ゼロリスクはありえない。「ふだんからあまり他人と会わない」という人だって、運が悪ければウイルスには感染する。ウイルスは、究極に公平だ。本気で感染を避けるなら、社会との交わりを一切絶ち、玄関のドアを絶対に開けず「籠城」するしかない。そんな生活が可能な人は、引きこもりの人でもいないだろう。

むやみに出かけたり、マスクをしていない人を激しく攻撃する「自粛警察」だって、コンビニくらいは行くはずだ。実際に、ちょっと立ち寄っただけのコンビニで感染したかもしれないという例は、いくつも挙がっている。

僕たちが採るべきは、人命を救うために閉じこもるという、誤った選択ではない。正しい情報をもとに感染対策を行いながら、同時に経済を回していくことだ。

免疫力と同じくらい思考の筋肉が大事

コロナ禍が始まって1年以上たち、信用できる知見や頼れる専門家の意見が増えてきた。ソーシャルディスタンスや手指の消毒、マスクの励行など正しい感染対策が確立し、ワクチン接種は行政の多少の不手際こそあれ、着々と進んでいる。正確な情報を得てロジカルに行動すれば、安全に経済を回せることが証明されつつあるといえる。

さまざまな場で僕が繰り返し述べているように、苦境を打破する最も有効な手段は、情報の獲得と行動だ。それは、コロナ禍でも充分に応用できる。

たくさんの有意な情報を浴び、思考を重ねることで、採るべき選択と物事の本質が見極められる。コロナ禍のような非常事態（実質的には非常事態ではないと思うが）で大切なのは、身体の免疫力だけでなく、情報を疑い、本質を探る「思考の筋肉」だ。

生き延びるために、思考の筋トレを怠ってはならない。扇情的でネガティブな情報は、わかりやすいからこそ危険だ。わかりやすい、表面上の情報のみで判断していると、家から一歩も出ないという残念な結論に到達するだけだ。

情報獲得に出費を惜しんではいけない

思考の筋肉を鍛えるには、世界のニュースサイトを縦横に読み、目につく書籍を片っ端から読んでいくことだ。できれば日本語だけでなく、英語など海外の言語で書かれた情報を読み取れると、なお良いだろう。

小難しい専門的なサイトや書籍を、じっくり読みこむ必要はない。完成度の高いマンガでもいいし、手軽なキュレーションアプリでもいい。スピード重視で要点を押さえて読んでいけば、続けているうちに、情報収集のスピードも上がっていくはずだ。

インプットの次は、体験を重視しよう。人と対話したり、見知らぬ場所へ出向いたりするだけで、思考の筋肉はしなやかに、強くなっていく。

決して、立ち止まるな。体を動かしながら、スピード感を持って、情報を狩りにいこう。そのためには、出費やリスク、他人の目を気にしていてはいけない。

貯金なんかするな。お金の収集に意味はない

お金で買えるモノの価値は有限。ムダには無限の価値がある

お金で買えるモノに、僕は興味がない。ブランド品も、美術品も、プレミアのついたコレクターズアイテムも、まったく必要ない。市場で価値があろうとなかろうと、スマホ以外に場所を取るモノを手元に所有するのは、全力で避けるようにしている。興味がなければ、タダでもお断りだ。

ビジネスで必要な設備や機械を買うのにはいつも頭を悩ませているけれど、進めているプロジェクトに必要だから買うわけで、出費の意味が違う。この数年で僕自身が「欲しい！」と思って買ったのは、デジタルガジェットなどほんのわずかだ。

身軽であるほど、価値ある人生が楽しめる。その信条に変わりはない。

しかし、不要不急の時代になって、「モノの価値」が再上昇しているようだ。自由な移動が制限されているので、移動せずとも楽しめるモノが重宝されるようになったのだろう。コロナ禍以降、Ａｍａｚｏｎを筆頭にＥＣ事業が絶好調だ。使いどころのない個人のお金は、モノへと回帰したように思える。国境や、所有の概念も消そうとしていたグローバリズムの過程で、物質価値が復権するなんて考えもしなかった。

具体的に手に取れるモノが、以前に増してありがたがられている。みんな先行きが不安で、仕方ないのだろう。コロナ禍から、純金相場が過去最高で高止まりし続けていることも、不安の表れの一つといえる。

欲しいモノを買って、つかの間の安心を得られるなら結構だが、お金の使い方としてはお勧めできない。お金は、人の不安を解消するツールではないし、そうあってはいけないと思う。あくまで、やりたいことをやるための道具であるべきだ。

「お金はあればあるだけ安心」という認識は、完全な間違いではないけれど、不安の対処のために使うのはいけない。本当に必要なモノだけを買い、あとは動き出しに、すべて使う！　コロナ禍でも、お金の正しい利用法は変わらないのだ。

金で買える価値は金でしか測れない

「お金で買えるモノに価値なんてない」と気づいたのは、小学生のときだ。

当時、僕は切手収集にハマっていた。3年ほどかけて集め、全部で数万円分のプレミア価格になったと思う。でも、途中でふと気づいた。お金さえあればカタログに紹介されている切手は、すべて買える。だったら、金持ちになればいい。

金持ちになったら全部総取りできるようなモノに、価値があるのだろうか？　そもそも、僕は金持ちになりたいのか？　そう自問した瞬間、あんなに興味をもって集めていた切手が全部単なる紙きれに見えた。すぐさま一枚残らず、売り払ってしまった。

金で買えるモノの価値は、金でしか測れない。すごく不自由だ。僕には大きな気づきだった。以来、所有欲的なものにずっと冷めたままでいる。高価な美術品やコレクターズアイテムなんて、所蔵施設で見学できればそれで良くないだろうか？

価値のあるものを買えても、「価値そのもの」を保有することは誰にもできないのだ。だから、自分の持ち物にこだわることはない。車も飛行機も別荘も、シェアリングエコノミーで充分代替できる。

誰かに所有してもらって、必要なときに使う。お金も、そういったシェアリングの感覚でとらえれば、「あってもあっても足りない」と言う不安は減らせるだろう。

お金はパートナーではなくツールだ

最近、あらためて思う。貯金とはお金のコレクションにすぎない、と。

お金を熱心に貯めている人は、流動性の高い日本円を、すぐ必要な分以上に銀行口座にコレクションしているのと同じ。「大変になったときのために貯めておく」というのは、いわば「お金の飼い殺し」だ。誰しも、コレクションをそのままおめおめと死なせるのが目的ではないはずだ。

お金のコレクターは、お金に恋してしまっているのだろう。惚れこんでしまったら、非合理的な選択をしてしまうのも無理はない。

お金がツールであることに気づこう。貯めこむことで自分自身が向上したり、思い出が生まれるパートナーでは決してない。そうすれば、人生の質は段違いに変わる。

不要不急の代表・エンタメ産業を攻めろ

これからは「ヒマを埋める力」が大切になる

僕が初めてミュージカルに出演したのは、2010年。ニコニコ動画の新プロジェクト「ニコニコミュージカル」の第1弾、イギリスの作家・ディケンズの小説「クリスマスキャロル」だった。

主演として僕は稽古を積み、舞台に立った。スタッフみんなの努力で、集客やクオリティはおおむね成功レベルだったと思う。残念ながら数年の挑戦でニコニコミュージカルは終わってしまったが、エンタメコンテンツの有料配信は、後に成功事例が生まれ、先に道筋をつくった意味でも、大きな意味があったと思う。

それから約10年。僕は自らミュージカル「クリスマスキャロル」を復活させた。2018年から、3年連続で興行を行っている。素人ながら、ミュージカルに役者として真剣に取り組んだことで、強く感じた。これからの時代、健康で好奇心の高い大人たちが取り組む遊びの場は、社会に不可欠であり、大きなビジネスチャンスになる、と。

僕たちは遠くない未来、「遊んで暮らすしかない」のだ。

人を弱らせる最大の毒は暇

AIやロボティクスの進化により、多くの人はいまの仕事を失う。技術的にはいますぐ失ってもおかしくない。

ある日、人事から呼び出されて「明日からあなたの仕事はありません」と告げられ、机も居場所も取り上げられ、寂しくロボットに見送られる。そんな無情な仕打ちが、いろんなところで起きるだろう。

まだ若く元気なのに、いきなり定年後のサラリーマン状態になると、人はどうなるか。まず、ポジティブな気持ちではいられないだろう。人によっては自殺も考えるかもしれない。

いきなり膨大なヒマを与えられると、誰だっておかしくなるのだ。ヒマとは魅力的なものではなく、実は「毒」なのである。

毒に殺されない上手な付き合い方を、僕たちは考えなくてはいけない。テクノロジーは進化を続け、社会全体から、人の忙しさを奪おうとしている。ヒマにあふれる世界への移行は、止めようがないのだ。

実質的には、大部分の仕事は自動化できるところまできている。しかし、現時点では仕事を失いたくない無能な社員の組合や、システムを変えたくない古いおじさん・おばさんたちが効率化を阻んでいる。その抵抗も、やがて徒労に終わるだろう。間もなく、人種や国籍に関係なく、ヒマを埋めることが人類みんなの目的となる。

働くのではなく、ヒマを埋める「不要不急の活力」が、生きるうえで不可欠な時代が訪れるはずだ。逆に不要不急を嫌う人は、社会から淘汰される側となる。

一生、ヒマを有意義に使いつくせる不要不急とは、何だろう？　それはエンターテイメントだ。ミュージカルは、出演するのも運営するのも楽しく、参加するのに老若男女を問わない「最高のエンタメ」だと僕は考えている。

不要不急には最適のエンターテイメント

僕らの手がけるミュージカルの最大の特徴は、和牛のフルコースディナーを味わいながら観劇できる点だ。飲食禁止がルールの演劇界では異色だが、そもそも黙って水も飲めず、2時間じっと舞台を見ていないといけないというルールの方がおかしい。最高の料理と、感動的な舞台の組み合わせで、好評をいただいている。

2020年の末、コロナ禍が深まる中でも、万全の感染対策で「クリスマスキャロル」を上演した。大口の予約がキャンセルになったりと、なかなか厳しい現実に心が折れそうだったが、何とか幕を開けることができた。

毎年足を運んでくれるお客様や、チケットのまとめ買いなど、ありがたい応援のおかげで売り上げも伸びてきた。3年間みんなで、必死に頑張って続けてきた成果だ。「クリスマスキャロル」は、守銭奴の大金持ちが改心して、クリスマスをお祝いすることで社会貢献する物語だ。見終わった後は誰もが「自分を変えて、いいことをしよう」と、1年の垢を落とす気持ちになれる。年末の不要不急イベントには、もってこいの作品だ。

舞台の完成度には、スタッフ一同、絶対の自信を持ってお届けしている。「やれることをやりきっている」という自信が、興行面での成功につながっているのだ。

不要不急を最大限に味わいつくした者が、ビジネスで勝ち、次の舞台にも立てる！ということ事実を、僕たちは証明したい。

お金じゃなく経験を貯めろ

「不要不急」の蓄積がかけがえのない資産になる

いまだに、僕は資産家と思われているふしがある。

交流関係を厳選しているので最近はだいぶ減ったが、いまだに初対面の人から「堀江さん、ぶっちゃけいまいくら持ってますか?」と無遠慮に聞かれたりする。失礼すぎない? ていうか、お前に言うわけないだろ! と、キレたくなる。

たしかに僕は、数十のプロジェクトを回し、大部分は黒字成績を挙げているので、まあまあの定期収入はある。よく、有名な経営者が謙遜して「全然、自分なんか稼いでませんよ」と言うが、僕はそんな無意味な謙虚さは持たない。

大儲けしているわけではないけれど、やりたいことをやるのに必要な資金は、ほぼ自力で工面している。ふだん使っている出費だけを見れば、おそらく日本では富裕層の部類に入るのだろう。

でも実は、手元に置いてあるお金は多くない。ふだんの「貯金」額は1000万円を超えたことがないし、現金はほぼ持ち歩かない。いくら持っているか？　という意味では、大手企業に勤めて退職金を受け取ったり、地道にNISAやiDeCoに投資している人の方が、お金持ちだと思う。

では、僕は稼いだお金を何に使っているのか？　スタートアップへの投資やロケット開発、海外旅行、仲間たちとの遊びにすべて注ぎこんでいる。特にロケット開発では、事業に着手してから実に60億円以上の私財を投じた。これからも投じ続けることになるだろう。

僕は、人より稼いでいる。同時に、人の何倍も浪費家だ。

それでいい。お金が足りなくて困ったことは、一度もないからだ。使えば使うほど、自由になるお金が増えていった気がする。

「ひとまず貯金」はバカのすること

お金をお金のままで持っているのは、無意味だ。やりたいことのために使いきることで、初めて用途が活かせる。収入があったとき「ひとまず貯金しよう」などと、バカなことをしてはいけない。

使うことが存在意義のお金を、使わずに貯めておくのは骨董品収集と大差ない。置いておけば市場価値が上がるかもしれないぶん、骨董品の方がまだマシだ。

1万円を寝かせておいて、1万円以上の価値になるわけがない。遊びや投資に使って、1万円以上の価値を生み出すのが人間の知恵であり、お金という便利な道具を考えついた先人への礼儀というものだ。

お金を得たら、新しい挑戦や、好奇心を満たす遊びにすべて使いつくしてほしい。そうすることで、生きた経験が身につく。経験こそが、人生を楽しく豊かなものにするのだ。経験は、あなたのステージや、見ている景色をいまよりもはるかに高めてくれるのだ。

お金持ちと言われる人たちの多くは、決して貯金上手ではない。お金をあるだけ興味の対象に使い、貴重な体験を蓄え、気づいたら資産家になっているような人たちだ。
「現金貯金より、経験貯金」が資産家への確実なルートなのだ。

お金より経験を得るチャンスを増やす

僕は大学生になって以降、貯金をまったくしていない。

財布の中身が尽きて、手作りの粉もの料理で空腹をしのいだり、人並みに貧乏学生生活を経験した。でも、平気だった。

アルバイトで多少まとまったお金が入れば、友だちと遊びに行き、見聞を広めるために景気よく使った。使うだけ使いまくって、後悔したことはない。お金を使って得た経験によってコミュ力は上がり、優秀な人との出会いも増えた。

起業して以降、事業は急成長して、銀行口座には信じられない額のお金が入ってきた。残していれば、いまごろ悠々自適の億万長者だったかもしれない。でも、貯金額を維持するより、若いときだけに得られる出会いや運、興奮や体験をお金で取りに行くことの方が、何百倍も大事だった。

僕が身につけた数えきれないほどの体験は、もう同じ額のお金を投じても取り戻せない。不要不急を重ねて、どっさり積んだ経験こそが、僕の本物の財産だといえる。

いまという時間を楽しみ、お金は好きなだけ使ってしまえ！　もしパートナーが「ブロック」などしてくるようなら、僕はためらいなく別れるだろう。自分のコアとなる価値観を否定する人と一緒にいて、幸せになれるとは到底思えないからだ。ムダな貯金で、人生の価値を高めるチャンスを失ってはならない。

資金集めの手段にこだわるな

身の丈に合わない借金が君をブーストさせる

東大生だった23歳のとき、起業資金の６００万円を当時付き合っていた彼女の父親から借りた。実業家としてのキャリアは、借金からのスタートだった。ビジネスの経験は、当然ゼロ。何の保証もない若者が背負う借金としては、大変な金額だった。普通なら躊躇するだろう。周りの大人からは「自己資金を少しでも貯めてから始めなさい」と説教に近いアドバイスをされた。

けれど僕は、怖じ気づかなかった。本気でやりたかった、インターネットビジネスの海に飛びこむ興奮が、借金の不安を完全に上回っていたのだ。

起業直後から、IT革命の巨大なムーブメントに乗っていけた。興奮は、冷めるどころか高まる一方だった。僕は若手起業家として、急成長した。

600万円の借金は、1年ほどで完済できた。数年で、最初の借金の10倍以上ものお金を動かせるようになった。学生の僕にとって「不要不急」だった借金のおかげで、ビッグマネーの最前線を目の当たりにできた。ネットビジネスの中心で、歴史をつくっていく当事者になれたのだ。

借金という大きなリスクがてこになり、高いジャンプを果たせたのだ。本当に借りて良かったと思う。忙しい中、常に頭にあった「お金を返さなくては」という義務感は、いま考えると本気でやりたいことをやっている者に与えられた勲章だった。

もしあなたが、やりたいことや本気で欲しいモノがあるなら、借金してでも願いを叶えてほしい。悠長にお金を貯めている間に好機を逃したら、取り返しがつかない。「チャンスの女神には前髪しかない」というたとえは、的を射ている。

願いのサイズではなく、時間を短縮しよう！「お金はタイムマシン」なのだ。

最初に起業したときの僕が、自分で600万円を用意していたら短くても1年くらいは費しただろう。その1年の遅れで、インターネットバブルに乗り損ね、優秀なビジネスマンたちとの出会いも逃していた可能性が高い。

困ったら借りろ！　頭を下げまくれ！　と言いたい。いまは僕らの時代と違い、無名の人でもお金を借りる方法がたくさんあるのだから、利用しない手はない。

開業資金が集められなければ売り上げも無理

ビジネスを始めるのに融資を求める場は、昔はまずは銀行だった。

それも悪くはないが、条件設定や担保保証など、最初の借り先としてハードルは決して低くない。しかし、金融公庫の貸し付けや行政の支援制度など、近年は各自治体が積極的にスタートアップを後押ししているので、交渉しやすくはなってきている。

いまおすすめできる手段は、やはりクラウドファンディングだろう。ビジネスプランが魅力的であれば、応援する人の好意で必要な資金が集められる。会ったこともない、まったく知らない人から資金の援助をしてもらえるなんて、借金のための銀行通いが当たり前だった時代からすれば夢みたいなサービスだ。

けれど、そんな便利なサービスでさえも、ためらっている人は多いという。「魅力的なプレゼンができない」「リターンを考えるのが面倒くさい」など、できない理由ばかり並べ立てる。「結局、クラファンも知名度のある人が勝ちやすい不公平なサービスだ」という意見さえ、聞こえてくる。

はっきり言って、やる前からできない理由を考えたがる人は、ビジネスに向かない！　最初から1万円のリターンを他人に提示できないような人間が、仕事で1万円以上の利益を挙げられるはずがないだろう。

多くの人は理解できていない。起業時の資本金と、営業して得られる売り上げは、会計上の勘定科目は違うが、キャッシュインの意味では同じなのだ。つまり営業は、会社を立ち上げてからではなく、立ち上げの前から始まっている。開業資金を集められないというのは、売り上げを出せません、と公言しているのと変わりないのだ。

本気の熱意があれば、資金集めは必ず成功できる。逆に、プレゼン段階で失敗したりくじけてしまうようなら、本気でやりたいわけではないのだと思われても仕方ない。

クラファンのほか、SNSでの広報活動や、ビジネスコンテストへの参加など、お金持ちにアプローチする方法は数多い。いまは恵まれているのだと気づき、「でも」「だって」を禁句に、お金を貸してもらえる営業に知恵を絞ろう。

自分投資と他人投資を掛け合わせろ

自分だけでなく他人のスキルを観察する余裕を持て

僕のメルマガなどで、一般の人から「堀江さん、何に投資すればいいですか?」という質問を多く受ける。だいたい「100万円くらいの貯金ができたので投資運用したい」というパターンだ。あまりに多い相談で、うんざりしている。

はっきり言っておくが、100万円程度のお金なんか投資に回しても、損をするだけだ。くだらない考えはやめて、好きなことに使いきってしまえ!

お金の投資で利益を出せる人は、ほんのひと握りだ。それも長年の知識と経験を持ち、勘の鍛えられた、圧倒的な資産家に限られる。100万円を手にしたくらいの一般人が、やすやすと利殖につなげられる世界ではない。投資は、よりお金をたくさん持っている者が勝つ。その鉄則は揺るがない。投資金額が100万円の人と1億円の人なら、前者は確実に負ける。勝てる可能性は、ゼロ。競争原理において、当然だ。

100万円持っている人はたくさんいるので、競争が激しい市場で戦わなくてはいけない。しかし1億円を現金で持っている人はめったにいないから、余裕をもって勝ち試合に臨めるし、リターンも良い。100万円の投資に臨む人たちは、厳しい戦いで消耗した末、1億円で投資する人の養分にされるだけだ。

お金の大小に分け隔てのない「ガチ」の投資の世界では、高額な投資で競える人たちが勝ちを独占する。最初から負けが決まっているのに、なぜしたいのか？　こつこつ貯めた、大事な100万円のはずではないのか？　いきなり投資にお金を注ぐのは、ビルの屋上から万札を地面にばらまくのと変わらない。

ちょっと貯まったお金を投資に回したいというのは、パチンコや競馬と大して違わない、ギャンブル消費だ。お金でお金を殖やすのは、素人ではまず無理。少しのお金だったら、やりたいことに使って経験に替えよう。

100万円あれば、起業だってできる。投資市場への投資より、自分への投資の方が、はるかにリターンは確実だ。

他人を支援するとブレーンな思考に出会える

僕は若いころから、不要不急のことばかりに、「やりたいことを好きにやる!」というスタンスでお金を使いまくってきた。自分への投資などと都合のいい解釈はしなかったが、気づいたら経済的にも恵まれていた。

ビジネスでの投資家の成績は、上には上がいるのでそれほどでもないだろうが、「自分自身への投資家」としては、まあまあ成功した方だと思う。

僕は、自分への不要不急の投資を惜しまなかったおかげで、本当の投資の世界でも、大金持ちと真っ向勝負ができるようになった。

40代を迎えた辺りから、僕は他人への投資も、意識するようになってきた。特に、HIUやゼロ高を通じた若い人への投資は、面白いと感じている。

いろんなプロジェクトを進めていく中で、個性的な若者たちと出会う。才能はあるけれど、お金や仕事はない。でも面白いので、アドバイスをあげたり、ときには仕事をサポートしたりもする。支援したところで、確実な見返りがあるわけではなく、ときには後足《あとあし》で砂をかけられたりもする。しかし、時間がかかっても、何らかの道を見つけて羽ばたいてくれれば、「投資がうまくいった」という気分になれるのだ。

女優の寺田有希さんは、その一人だ。とにかく人柄が良かった。地頭も良く、会話でストレスを感じない。仕事のなかったころに声をかけ、ホリエモンチャンネルのMCに抜擢した。この子は売れるから恩を売っておこう、なんて打算は少しもなかった。最初は力不足だったが、彼女なりに努力を重ねたのだろう。次第に芸能の仕事オファーが増え、フリーでの活動が上向いてきた。ついには初のビジネス書『対峙力』をまとめあげ、ベストセラーになったのである。そこまで粘れる根性は、並ではない。わずかながらサポートした身としても、喜ばしかった。

若い人を支援していると、僕の周りでは出会えない面白空間や、目新しいプレーンな思考に出会えたりする。価値観や情報のシャワーを浴びつつ興味の動く瞬間を獲得できることが、一つの投資リターンといえる。

賢いお金の使い道は、自分への投資と、他人への投資の掛け合わせだ。

自分だけでは稼げなかった、未知なるリターンが返ってくるのだ。

いまを楽しむのに
お金を出し惜しむな

「いま」より大事な未来なんて存在しない

僕はお金持ちになりたいと思ったことはないが、「いま」を楽しむことには、誰よりも貪欲だ。そう言うと、「じゃあ、なんでホリエモンはビジネスで稼いでるの?」と、すかさずツッコミが入る。うざくて仕方ない。金持ちになりたい欲がないことと、楽しいことに夢中で生きるのとは、まるで次元の違う話だ。

「楽しみとかはどうでもいいから、手っ取り早くお金儲けの方法を知りたい」という人も多いだろう。それはそれで結構。お金持ちになりたいなら、なればいい。僕の配信しているメルマガや本などで、効率よく稼げる新しいビジネスをたくさん紹介している。好きなだけ参考にして、稼ぎたおしてくれればいい。

でも、その前に問いたい。お金持ちになって、どうするの？　お金をたくさん持って、何をしたいの？　いまを楽しむことより、なぜお金儲けが大事なの？

きちんと答えられる人は、ほとんどいない。即答できるくらいふだんから物事の本質を考えている人は、もとからお金持ちになりたいなんて思わないだろう。

お金持ちになれば、いいことがたくさんあると多くの人は誤解している。もちろんいいこともあるけれど、いいことって何なのか、わかってますか？　と聞きたい。

お金がない人の資産家への憧れは、だいたい消費だ。ブランド品を好きなだけ買いたいとか、タワーマンションに住みたい、高級車に乗りたい、ファーストクラスで旅したい、異性にモテたい、投資の利息で働かずに暮らしたい……そんなところだろう。

総じて「お金のない」人は、「不要不急」の行動にはお金がかかると思いこんでいる。大きな誤解だ。お金持ちの楽しみは、お金がなければ味わえないものではない。

たとえば、400円くらいの吉野家の牛丼と、4万円のすきやばし次郎のランチ寿司を比べて、寿司の方が牛丼より100倍美味しいだろうか？　そんなことはない。実際の出費と、受け取る楽しみは、比例するわけではないのだ。

いま持っている手元のお金で、お金持ちと同じ体験を得ることは、誰にでもできる。

たしかにファーストクラスも高級車も乗れば快適だけど、エコノミー席や軽ファミリーバンの乗り心地を、何倍も上回るほどではない。

手元のお金で、楽しめることに、いますぐ注ぎこもう！

出費を惜しんで、お金を貯めているのは、むしろ貧乏への近道だ。

楽しめるチャンスを、つまらない貧乏根性で犠牲にしてはいけない。

正確な未来予測は誰にもできっこない

あり金は、すべて使ってしまって、構わない。それが、人としての経験値を高め、「使うほど回ってくる」という、お金の本質を理解するための最善策だ。

不要不急に、気前よくお金を投じていこう！　宵越しの銭を持たないのは、何も江戸っ子だけの特権ではない。

未来なんか、気にしないでいい。大事なのは、いまを一生懸命生きるスタンスだ。

未来を予測しようとか、多少の蓄えで安全なものにしていこうと行動することに、何もメリットはない。

第一、未来を想像していいことなどあるだろうか?

多くの人は保険をかけたり、家族のために家を買ったり、未来に備えて準備すると思うが、予想通りの未来が進んでいく保証など、どこにもない。逆に、社会情勢や経済の変化によって、思わぬトラブルに遭う確率の方が高いだろう。

未来予測を当てるのは、どんな賢い学者でもエコノミストでも不可能だ。行き当たりばったりで、思いつきの行動が、結局は最も安全だったりする。

先のことは、わからない。いまこの瞬間だけを考え、走り続けながら改善を重ね、やりたいことをやるのが本当の幸せだ。

明日、想像していた通りの未来が訪れたとしても、楽しくない。多少ホッとするだけで、ワクワクしないだろう。想像通りの人生は、つまらないものだ。

何が起きるかわからない、未知の楽しみを繰り返していくことで、僕たちは予想外の成長を実現できる。お金のあるなしは無関係だ。

未来予測を捨て、いまこの瞬間にできる楽しみへ、自分を放りこもう!

時間

2

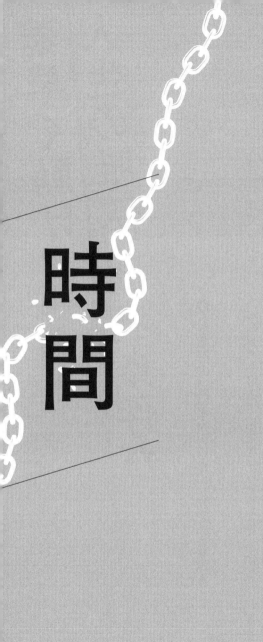

素早く動け。人生の唯一の勝利条件だ

自意識のヨロイがムダへの好奇心を奪う

僕の人生は、本当に面白いことに囲まれている。やりたいことが次々に現れて、若いころと同じように、チャレンジする意欲が尽きない。興味のあることを片っぱしからこなしていくと、やりたいことが相乗的に増えていく感覚だ。

毎日が「面白い」と「やりたい」の無限サイクルに入っている。時間がいくらあっても足りそうにない。だから僕は、お金など気にせず、時間の抽出と最適化に努める。そのための出費はいとわない。面白いことを逃したり、チャンスを失うのが、最大の痛手だ。そうならないよう、刺激的な仲間たちと情報を交わし、面白いものがあると聞けば国内外どこへでも出かけ、感度のバージョンアップに努めている。

思いついたらすぐに、動く。いい情報は、野生動物みたいなものだ。気ままで神出鬼没だから、「いつか捕まえに行こう」と思ったときには、もう別の誰かに獲られている。素早く飛びついて「捕獲」することが、何より大事なのだ。

面白いことに出会えない、と嘆いている人は多い。それはルーティンワークやノルマなど、時間管理のマトリックスでいう「緊急で重要なもの」だけに時間を取られているからだ。

もっと不要不急なものに、意識的に時間を割こう。そうすれば自然に情報のアップデートが可能だし、出会う人のレンジも広くなる。アップデートを実践できない人は、つまらない現在をわざわざ自分で、固定してしまっていると思う。面白いことに出会えないのは当然だ。とにかく、何でもやってみよう！　と言いたい。

社会人になって、仕事やタスクを背負わされても、「面白いことサーチ」をあきらめてはならない。他人が見落としている、面白いことを生む空間に気づき、みんなと逆張りで時間を投じることが、ムダを活かす人生の勝利条件だ。

人よりたくさん「やってみた」から成功した

学生時代はゴルフなんて、少しも興味が持てなかった。それこそ時間のムダだと思っていた。けれど起業して、知人に誘われたのをきっかけに始めたら、すっかりハマった。いまではビジネスや旅行などの出先で、いいコースがあれば時間の許すかぎり、友人たちとコースプレイを楽しむ。

人狼ゲームやサウナなど、人から教えられたのをきっかけにハマり、ビジネスに転換できたものも少なくない。オンラインサロンのＨＩＵも、数年前に岡田斗司夫さんとの対話から発想して、ブラッシュアップした空間だ。

僕が普通の人より面白いものや、稼げるアイデアに囲まれているのは、ムダなことでも、とりあえず「やってみる」好奇心が強いからだ。つべこべ言わずに、とりあえず「やってみる」場数は、人の何倍も多いと思う。やると決めたら、後回しにしない。つまらなかったらやめたらいいし、続けたければ没頭する。

とにかく「できそうかな……？」などと躊躇していたらダメだ。やってしまえば、必ず何らかの結果が出る。最悪なのは「まあそのうち」と、放置してしまうことだ。

自意識にとらわれているのは愚の骨頂

僕はいまボーダーレスに、いくつものビジネスを展開している。

宇宙事業はこの7月に2機連続でロケット打ち上げが成功し、JAXAとの協業も進んでいる。WAGYUMAFIAはラーメンやジンギスカン、限定朝食など新企画コラボが高い収益を挙げ、新店舗を出すなどコロナ禍でも世界照準で攻めている。

ロケットと和牛、どちらのビジネスも、始めたころは周りから「ホリエモンにできるわけがない」と批判されまくった。しかし「やるに決まってるだろう！」という強いハートで突き進み続けた結果、現在の成功にまで到達できた。

人の目を気にしたり、可能かどうか迷ったり、将来性を考えたりなんかしない。重たい自意識のヨロイなど脱ぎ捨て、「俺はできる！」と信じて動こう。

これだけ言っても、実際に動きだす人は残念ながら1％もいない。僕の著書が10万部売れても、書いてある通りに行動する人は、1000人どころか10人いればいい方だろう。だからこそ「やってみる」人は、競争で勝てる。10万人に10人なら、余裕で東大合格以上の狭き門をくぐったエリートだ。胸を張って、挑戦していいのだ。

時間をムダにするな。命をドブに捨てる行為だ

価値を生むムダと生まないムダを見極めろ

以前は、インタビューで「堀江さんが最も大切にしているものは何ですか?」と聞かれるのがお約束だった。僕はこの「最も」とか「一番」という質問がすごく嫌いなのだが、ひとまず置いておく。

一応は「大切なのは時間です」と答える。しかし内心、「時間以外、何があるの?」と聞き返したい気持ちだ。時間とは、人にとって最も貴重な「資源」だからだ。

僕は毎日、時間を1秒でも最適化するために、デジタルツールを使いこなし、スキルを持った有能な人たちの助けを得ている。ムダをそぎ落とした、やりたいことをや

りつくす人生は、多くの人とツールの助けで成り立っているのだ。

ムダの効用を説いている本書では、矛盾している考え方と思われるかもしれないが、誤解してはいけない！　ムダには、「価値ゼロのムダ」と、「価値アリのムダ」がある。言うまでもなく、生産性の見こめない時間の浪費は、価値ゼロのムダだ。

行動のスピードを妨げる、ぜい肉のような時間には、一つもコストをかけてはいけない。さっさと切り捨てるべきだ。

僕はプログラマー出身で、お金の管理能力もある。ビジネスマンとしての総合力は、人よりも高い方だろう。もしかしたら、一人である程度はこなせるかもしれない。しかし、それで生じるタイムロスを避けたいのだ。他人に任せられる仕事は、他人の手を借りまくる。人に渡した分だけ、別の新しいことに時間を注ぎたいのだ。

あなたも、しっかり認識してほしい。好きなように行動できる時間は、限られているのだ。「今日と同じだけ明日も動ける」という保証は、誰にもない。

何にでもチャレンジする僕だって、時間が限られていることは強く自覚している。だから僕は、時間の最適化に全力をつくす。最も効果的な時短テクである「いますぐやる」ことを心がけ、即行動を積み重ねている。

振り返ったり、昔を懐かしむのは意味ナシ！　だ。過去の後悔に囚われてくよくよする時間ほど無価値なものはない。いまから自分が夢中になれる「不要不急の挑戦」に没頭しよう！　「白い目で見られる」「ケガをする」などという心配は、ただの自意識だ。行動を邪魔しているのは、他人ではなくあなた自身の「思いこみ」なのだ。

未来を想像するから杞憂が生まれる

時間を好きなように使いこなせない人の多くは、未来に怯えている。起きもしていない失敗や、批判、リスクに怯えて、金縛りにあっているのだ。

はっきり言って、未来予測にエネルギーを注いで、いいことなんか一つもない。

僕は著書などで、繰り返し「未来に怯えるな」と説いている。なぜなら未来は、恐怖にあふれているからだ。未来の行き着く最大の恐怖は、死だ。人類の死亡率は１００％。知られている限り、不老不死になった人間は一人もいない。誰しも、未来には必ず死ぬ。しかも人生は、どんなお金持ちでも貧乏人でも、ゼロリスクではない。隕石にぶつかって死ぬ確率もゼロではないだろう。

中国の古代人たちが心配したように、天体が落ち、大地が割れる大惨事も考えてしまう。そんな「杞憂」を生むのは、未来を想像してしまうからだ。そんな思考タイプは、決まってリスクを考えすぎる小利口な人に多い。いましか考えない「バカ」でいいのに、損をしているなと思う。

コロナ禍での自粛推進派からすれば、未来を恐れず行動しようと唱える僕は、無差別テロリストのように思えるのかもしれない。だが、未来が怖いからといって、不要不急に満ちあふれた暮らしを禁じ、懲役刑を受けさせるがごとく、人々の生活を縛る権利が許されていいのか？　懲役刑は自由刑の一種で、人間の自由を制限することで実質的に寿命を減らしている効果を生み出す、とても恐ろしい刑罰だ。

不要不急の反対派と、行動の自由派とはお互いに「命を削っている」と反目し合う関係だ。仕方ないけれど、決してわかりあえない。分断は埋まらないだろう。

それでも、僕は言いたい。未来を守るなどという目的で、無実の人々に懲役刑と同じ、価値ゼロの我慢時間を強《し》いる社会が正しいとされてはいけない！

僕たちの時間は、僕たちのいまを充実させるのに使いつくすべきだ。

未来に怯えず、自らの意思による行動で、くだらない〝懲役〟を解いていこう。

睡眠を笑うな。睡眠で死ぬことになる

睡眠時間をムダと思った奴が負ける

メルマガやSNSで多忙な毎日の様子を発信していると、「堀江さんはいつ寝てるんですか?」と、聞かれることがある。どうやら一部の人には、僕は夜も寝ないで行動しまくっていると思われているらしい。いやいや、普通に夜ぐっすり寝ているよ、と答える。

どんなに多忙でも、1日7時間は睡眠時間を確保している。朝早い用事が入っていても、5~6時間は眠るように時間をつくる。一般のビジネスマンより睡眠時間は少し長いと思うが、起きている時間はすべてフル活用できるのだから問題ない。

睡眠時間を軽視してはいけない。睡眠不足は自律神経を乱し、うつ病や心筋梗塞など、いくつもの病気を誘発する。病気予防は、睡眠時間の確保が第一だ。

最適化した1日の時間は、仕事や遊びだけでなく睡眠にも配分してほしい。楽しいことを100%楽しみつくすには、「寝てなくてだるい」状態であってはならないはずだ。眠たい頭では、パフォーマンスの何割かは確実に落ちる。

自分の適正な睡眠時間を知っておく

僕が睡眠時間を大事にするのは、言うまでもなく、ビジネスや遊びのレベルを最高の状態にキープするためだ。睡眠中、人は浅い睡眠と深い睡眠を1、2時間のサイクルで繰り返しているという。

深い眠り（ノンレム睡眠）の間に、脳内では昼間の短期記憶が整理され、浅い眠り（レム睡眠）のときに、長期記憶への調整が行われる。つまり、起きているときの体験を再現・活用するには、睡眠中の記憶固定化が不可欠なのだ。

個人差はあるけれど、僕の場合、睡眠が5時間以下だと記憶力が落ちる。しっかり

8時間寝れば、長い文章や数式もはっきりと覚えていられる。書評の仕事での読書や、近年挑んだ東大受験では、やはりまとまった時間眠ると成果は高かった。

自分にとって、ちょうどいい睡眠時間を知っておくのは人生の価値を高める基本中の基本だ。

どんどん動き回る意欲は大切だが、睡眠だけはしっかり取ろう！　いまどき睡眠時間の短さを競うのは自殺行為に等しい。せっかく覚えたことが脳内に残ってくれないなら、起きている時間をムダにしたようなもの。人生の価値もクソもない。

つまらない飲み会や小銭稼ぎの残業は、さっさと切りあげて眠りに備えよう。「付き合いが悪いやつだ」という声なんか、まるっきり無視していい。

睡眠時間が充実していると、ムダな時間も充実させることができる。

職住近接でオフィスそばの安アパートに住む

サラリーマンの睡眠時間を妨げている一つの要因は、通勤時間だと思う。コロナ禍でリモートワークを行う企業が増えたとはいえ、まだまだ「会社にいてナンボ」という昭和の企業体質に苦しめられている人は多いだろう。

家賃が安いからと、勤め先から遠いところに住んでいる人は少なくない。しかし毎月数万円の節約のために早朝の満員電車に乗り、通勤に何時間も奪われる毎日は、大変なストレスのはずだ。

睡眠時間を犠牲にして会社の遠くに住んでいる人は、稼ぎも少ない。僕は「通勤に往復2時間かかる場合、給料は20%低くなる」と考えている。つまり2時間、満員電車で通勤している年収400万円のサラリーマンは、会社のすぐそばに住めば、500万円以上を稼げるポテンシャルがあるのだ。通勤時間のストレスが、100万円分の稼ぎを消耗させているといえる。

イギリスの研究によると、満員電車にスシ詰めで乗っているときの体感ストレスは、銃弾や砲弾がいつ飛んでくるかわからない戦場の兵士が受けるストレスと、ほぼ同じなのだそうだ。そんな過重な心労と引き換えにできるほど、素晴らしい環境に住んでいるだろうか?

東京の港区でも千代田区でも、探せば月3万程度のアパートは見つかる。シェアハウス選びも、よりどりみどりだ。命まで危険にさらすストレスを軽くできるなら、狭い部屋でもいいのではないか。許可されるなら会社に泊まりこんでもいい。「職住近接」という考えがあるように、職場の近くに住むのが最善策だ。安アパートに住むのが嫌、などという意見もあるけれど、見栄とかプライドにこだわって、いいことは何もない。結果的に、メンタルケアの面ではマイナスになる。

満足なだけ眠り、不要不急を楽しみきる！　それがコロナを避ける、一番の免疫力にもなるだろう。

質問スキルを磨き抜け

「今度でいいや」と質問を軽んじる者は成功から最も遠い位置にいる

僕のメルマガでは読者の相談に乗ったり、ビジネスジャッジを行っている。講演会やトークイベントでは、時間があったらオープンで客席から質問を受けたりする。知り合いを通じて出会った若手の起業家からも、相談をたくさん受ける。

僕みたいな仕事をしていると、コンサルティングだけでなく、人から相談される機会が多い。ふだんの会話から相談をなくしたら、かなり自由な時間が増えると思う。本心のどこかでは、今後は必要な案件以外相談を受けません！　と言いたいけれど、思考の硬直化を防ぐためにも、修行だと思ってこなしている。

「修行」と言ったのは、あまりにも質問力が足りない人が多すぎるからだ。

僕は、質問自体は否定しない。むしろ、一定の成功を収めた人への質問は、彼らの成功エッセンスの「一番絞り」がもらえる貴重な機会だと考えている。僕も本当に興味のある対談などでは相手を質問攻めにしたりする。

質問上手な人は、総じてビジネススキルの高い人だと言える。質問が下手な人も、自意識や羞恥心で「急ぐものでもないし、またの機会にしよう」などと言い訳をして質問しない人よりは、よほど見どころがある。

しかし、その質問の「やり方」を軽んじる人が多すぎる。質問のやり方を根本から間違えているせいで、せっかくのツールを台なしにしてしまっているのだ。

相談においては、相手の頭の良さが如実に測れる。相談者の中には、訴えたいことが全然整理できていなかったり、結局何が言いたいの？　という話ばかりしゃべって、質問の入り口にも立てない人がけっこういる。

逆に、要点が整理されている悩み相談はとても答えやすい。何に困っていて、状況はこうなっていて、選択肢はこれとこれがあり、それぞれのメリットとデメリットはこうで……など、きちんと説明されれば、頭のいい人だなと感心する。こちらが返す答えもスピーディで、効果の高いアドバイスを返すことができる。

相談の上手な人は、返答の根回しの上手い人だ。相手の疑問をできるだけ排して、ピンポイントで回答のできる道筋を、あらかじめ用意してくれている。それをできるのが、質問力の高い人だ。職場や友人同士でも、悩みを聞いてもらって、解決策が欲しければ極力、相手に手間をかけさせない工夫をしよう。相談ごとも、他人の貴重な時間を奪っている意識を忘れてはいけない。

「その相談、後でいい?」と後回しされることのないよう、質問力を向上させてほしい。ムダばかりの相談は、コロナ禍でなくても、周囲からの評価を下げるもとだ。質問については早さより中身だ。

みんなの時間を有意義にする意識

ビジネスのプレゼンの場でも、要点のまとまっていない、甘いプランを聞かされるとイライラする。レベルの低いプレゼンは、そこにいる人たちの時間をムダに捨てる、非生産的で罪深い行為だ。プレゼンがうまくならないのは、上手に話したいのに話せない、ほめられる伝え方がわからない、など自意識が邪魔をしている。話している側の緊張とか、恥ずかしい気持ちなんて、周りには何も関係ない。

心の状態に、とらわれてはいけない。いまこの時間、ここにいる自分を含めた、みんなの時間を有意義にしなくてはいけないという責任を自覚すれば、自ずと伝え方の研鑽に必死になれるだろう。端的に要点を伝え、スムーズな受け答えの根回しに努める。難しいようで、相手の立場になって考えれば、簡単なことだ。

時間泥棒は寿命泥棒と変わらない

人生のルールは、TIME IS MONEYではない。TIME IS LIFEだ。

時間とは、命そのもの。時間泥棒は、寿命泥棒と同じだと思ってほしい。

他人への相談は、いらないムダを省き、手短にまとめるのが鉄則だ。その分悩みは早く解決し、ショートカットできた時間を、意義ある作業に回せるだろう。

コミュニケーションとは、時間の奪い合いではいけない。対話を用いて、時間の価値を高め合う作業だ。機嫌伺いや挨拶口上は省き、要点を絞る知恵を駆使しよう。

女性の活躍を邪魔するな

オッサン社会のイノベーションの源は女性にあり

グローバル化の流れを受けて、日本社会でも男女共同参画への機運が加速している。たとえば、大手企業の何社かが「企業の取締役の半数は女性を登用する」と公表するなど、男社会で固められた古い体制の改革に努めている。また国会でも「議員の半分は女性にするべき」と、さかんに議論されている。

女性だからという理由で取り立てるのは、逆に差別では？　とか、女性の優遇こそ不要不急ではないのか？　などの意見も、男性側から挙がっている。

古いなぁ……と思う。いま先進国の文化は、ジェンダーレスに大きく移行しているのだ。男性より不利に扱われていた女性のキャリアアップを後押しするため、経済界や政治の世界で制度設計の刷新が進んでいる。日本の女性の社会進出は、さまざまな分野でますます推進されていくだろう。女性の潜在能力はもっと活かされるべきだ。

近年はジェンダーのみならず国境を超えて、素晴らしい活躍を見せる若い世代の日本人女性も目立ってきた。筆頭は、プロテニスプレーヤーの大坂なおみ選手だ。コート上での実力はもちろん、弱さを含めたありのままを自分の言葉で語る発信力は、世界トップクラス。グローバル企業のサポートが相次ぎ、広告収入だけで数十億円と言われる。大坂さんは、いま世界で最も稼いでいる女性アスリートだ。

タレントの渡辺直美さんはＩｎｓｔａｇｒａｍで成功して、アジアでは指折りのインフルエンサーとなっている。少し前は僕も、富裕層の中国人に「何とか渡辺直美に会えるルートはないか？」と、しばしば相談されたものだ。コロナ禍以降、渡辺さんはアメリカへ拠点を移し、グローバルでの本格的な活動が期待される。

タレントでは宮脇咲良さんが、日韓合同アイドルグループ・ＩＺ＊ＯＮＥのメンバーとして素晴らしい成果を残した。今後も世界市場で芸能活動を広げていくだろう。

２０２１年の初夏には、徳島の女子高生・松本杏奈さんがスタンフォード大学に合格したニュースが報じられた。アメリカの名門伝統校に受かる高い学力を身につけるだけでなく、閉鎖的な田舎の大人を説き伏せた交渉力は大したものだ。コロナ禍で、広い世界への憧れがはちきれそんばかりの10代女子のロールモデルとなるだろう。

コロナ禍で息苦しい社会に、努力と行動で新風を吹きこんでいる女性たちの姿は、とても眩しく痛快だ。社会が自粛で停滞している間に、才能ある女性の活躍の場は増え、彼女たちの多くはコロナ以降の社会をリードする存在となるだろう。

女性社長から政治家の道もありえる

僕も公式動画チャンネルのゲストや、HIUのゲストの半分を女性にしようと思っている。しかし正直なところ、ビジネスでも政治でも、活躍のめざましい女性は、まだ数えるほど。女性の人材は現状、残念ながら不足気味だ。その原因は社会の根本的な構造にあるので、問題解決には時間がかかるだろう。

しかし、女性を起用する機運が高まっているのはたしかで、実情が伴っていないのは、むしろ女性にはチャンスであると思う。

たとえば、女優の寺田有希さんは著書『対峙力』の出版以降、自身のオンラインサロンを始めたり、企業の講演会に呼ばれコミュニケーション術を披露するなど、引っぱりだこだ。役者の仕事に絞っていたら、そんな展開は望めなかっただろう。

寺田さんのブレイクは、若くて聡明な女性の人材がいろんなところで不足している証拠といえる。彼女は2冊目の本を書くだろうし、講演会のオファーも増えていくはずだ。そのうち行政の各種委員会から声がかかったり、企業の社外取締役の打診なども来るかもしれない。やがては出馬を持ちかけられ、政界に進出。ワンチャンで大臣に……というのもありえない話ではない。元女子アナの丸川珠代氏だって、五輪大臣に就任するなど20年前は誰も想像していなかったのだ。

女性がいまの社会でキャリアアップを果たすには、やはり、寺田さんのように自ら行動することだ。動けば、目立つ。誰かから、声がかかる。女性ならなおさらだ。

男社会の古さを、逆手に取ろう！　最短距離は、女性経営者だ。女社長はまだそれほど多くないので、競争に勝ちやすい。女性をサポートする機運が高いいまこそ、独立の好機だ。不要不急を避けるのにムダに神経質になっているオッサンたちをよそに、ぜひ女性には行動してほしい。

イミフすぎる情報解禁などするな

お祭り騒ぎが「プロセスエコノミー」を発展させる

SNSなどでニュースを読んでいると、たまに「情報解禁」という文字を目にする。主にタレントが出演情報を告知したり、新作のゲームや映画など、リリースが解禁されるタイミングで見かける。

僕はこの情報解禁という言葉が、大嫌いだ。たいてい「ファンのみんなに伝えるのを、ずっと我慢していました！」とか「やっと言えるようになりました！」など、ご丁寧に心苦しかった気持ちをつけ加えている。そもそも、我慢する意味って何……？

いずれ公表される情報を一定期間秘密にする理由が、僕にはまったくわからない。

情報は、決定されたその瞬間から拡散すべきものではないのか。

僕も情報交換をする中で、しばしば「この話は解禁まで黙っていてください」「Ｔｗｉｔｔｅｒなどで言わないでください」と、プロジェクトの担当者から頼まれる。うっとうしい！　一応黙っておくけど、このシステムは誰の得にもなっていないと思う。そんな意味のない縛りのある情報なら、最初から僕に伝えてくるなと言いたい。

情報解禁の厳守はゼロリスク症候群の典型

ソーシャルメディアの時代に、情報解禁は、むしろパブリシティの足を引っ張る。いい情報はできるだけＰＲして、拡散させ、盛り上げていくのが定石だ。なぜ情報解禁なんて「イミフ」なシステムが守られているのか？　それこそ、ムダな「溜め」ではないか。一度関係者に聞いてみた。何とも意外な答えが得られた。

新聞社やラジオなど、昔からのマスメディアの多くは、解禁直後の初出し情報しか、取り上げてくれないらしい。めまいがするほど高飛車な態度だ。つまり「自分たちが最初のニュースソースじゃないと許さない」というのだ。そのために制作会社や宣伝会社など情報発信側に無言の圧力をかけ、解禁のタイミングを操作しているのだ。

くだらなすぎる。そんな偉そうなメディアのご機嫌を、平身低頭でうかがう意味がいったいどこにある？　Ｔｗｉｔｔｅｒでこぞって「情報解禁です！」と出演作品を告知する芸能人が、滑稽に見えるようになった。情報解禁を厳守しているのは「自分たちには発信力がありません。メディアの奴隷です」と明かしているようなものだ。

結局、ゼロリスク症候群の一つではないか。

情報解禁する理由を少しも考えず、とにかく周りの人が言うから従っておこう、勝手にやったら叱られるのでやめておこうと、おとなしく黙る。情報の周知に努めるよりも、責められるリスクを取りたくないのだ。

「情報解禁」という言葉には、暗黙の了解に守られたい自己保身の意識が張りついている。「不要不急」を根拠なく禁じる風潮にも通じるので、僕は大嫌いだ。

マニュアル対応は思考停止の表れ

ＳＮＳ全盛の時代に、情報解禁なんてシステムは、百害あって一利なしだ。情報初出しにこだわるオールドメディアの人たちは、「プロセスエコノミー」の有効性を理解しているのだろうか。最新の情報をリリースするまでのプロセスを、参加者と一緒に楽しんでいくというのが、スマホ時代のスタンダードなのである。情報は、最初からフルオープンにしておくのが望ましい。

情報漏洩を防いでいる間に、ニュースの順番は続々と埋まっていくので、最適な拡散時期を逃してしまうこともあるだろう。

いまでもたまに、事前に情報解禁を伝えられず、僕がSNSで告知した情報を「すみません。解禁前なので消してください」とスタッフから言われる。純粋に宣伝に協力したくてやっているのに、本当に嫌な気持ちになる。善悪ではなく、情報解禁をただルーティンで守らせるのは、絶対におかしい。

マニュアル的な対応は、思考停止の表れだ。情報解禁は、人間の自由を縛る、悪しき慣習である！

「ホリエモンは細かすぎ」と言われるかもしれない。しかし、このような些末な暗黙ルールの改善を繰り返し訴えることで、社会全体の空気が良くなっていくと思うのだ。

「コロナが収まったら」と言うな。負け確定だ

感情的な行動抑制は未来の否定にほかならない

本書を書いているのは2021年の8月。オリンピック閉会後も変わらず、東京はまさかの4度目（!）の緊急事態宣言が発令されている最中だ。

3度目の発令当初は、期間はゴールデンウィーク明けまで。短期限定の対策のはずだった。しかしコロナウイルス感染者の減少幅は鈍く、結局6月20日まで延長。その後も政府の不安は治まらず、ついに4度目の発令に至り、オリンピック後の9月12日まで続く予定だ。

あらためて、うんざりしている。

しかし、みんな怒っているかと思ったら、案外そうでもない。

世論調査によれば8割近くの国民が、不要不急を禁じた自粛の延長を望んでいるのだそうだ。日本は民主主義国家なので、世論がすべての基準である。その結果として、政府は緊急事態宣言の延長を、あっさり選んだのだろう。

緊急事態宣言の再延長が、おおむね受け入れられている情勢に驚きしかない。同調圧力に簡単に屈してしまう人、動き出したくない消極的な人、引きこもり体質な人が、日本では僕の想像していたよりもはるかに多数派なのだと、思い知らされた。

コロナが明けるまでは我慢！　だの、アフターコロナを期待しているだの、と言っている人たちの気が知れない。自粛で行動を制限されている間に、どれほど経済活動が損なわれ、人々の機会が奪われているか。想像するだけで鳥肌が立つ。

毎日発表される感染者数（なぜ発表しているのか不明だが）に、誰もが一喜一憂しているうちに、いつしかムダな遊びや不要不急のことがらを封じれば、コロナを押さえこめるという誤解がニューノーマルになってしまった。

どんなに批判されようと、「おかしいだろう？　不要不急の行動が、なぜダメなんだ！」と、僕は問い続けたい。

感染対策のために、健康なのに自由が縛られ、ムダを楽しむ貴重な時間の多くをほぼ「犯罪」扱いにされているのだ。どうして、みんな平気で許せているんだろう。

コロナ禍の始まりは、感染者の追跡と完全隔離が最も有効だと、断定されていたはずだ。それが政府のグズグズの対応や、マスメディアの恐怖をあおる報道のせいで、行動自粛の同調圧力を強めることが最善策にすり替わってしまった。

はっきり言うが、緊急事態宣言の再延長の決め手は、勝手な行動で感染を広めた人たちではない。多くのサイレント・マジョリティによる、科学リテラシーの欠如と思考停止だ。こんな状態では、「コロナ明け」など10年経っても実現しないのではないかと本気で心配する。

実現しない未来を守ってはいけない

僕は政府の方針や取り決めに、すべてNOを言いたいわけではない。一番の問題は、政府の対策ではなく、ウイルスを撲滅できると信じている、ゼロコロナ論者だろう。

コロナウイルスは飛沫感染する。また不顕性（症状が出ない）感染が多い。そのような感染力の高いウイルスを撲滅するのは至難の業だ。ワクチンの接種が進んだところで、ゼロにはならない。人類が地球上に存在する限り、天然痘のような撲滅はありえないだろう。もし本気で撲滅を目指すなら、全世界がいっせいに「ロックダウン」して、それを数十年単位で続けることだ。もちろん、そんなことをしたらウイルス感染でなくても、人の世紀は終わってしまう。

だから「コロナが収まったら」というのは、究極の未来否定なのだ。

理論上、実現するわけがない未来の景色を守るためにいまを犠牲にするなんて、生きている人間の心臓をその場で握りつぶすことに等しい。

緊急事態宣言はすでに発令されているので、とりあえず従うしかない。だが、もう4度目なのだ。いい加減、ゼロコロナは無理だと認めてほしい。「コロナが明けたら」派の人たちも、行動しながら生活を守っていくしかないのだ。

宣言は医療現場の崩壊を守るため、とも言われる。ならばいま以上に税金を投じて施設を拡張し、エッセンシャルワーカーの給料を大幅に上げて人材を確保していくべきだ。不要不急の監視で対応できる段階は、とっくに過ぎている。

コロナは、簡単には収まらない。だからだろうか、過剰な自粛策が散見される。マスクしながらのジョギングとか、本当に笑えない対策だ。

あまり好きな表現ではないが、「コロナに打ち克つ」のは、自粛の励行ではない。平時と同じ。正しい知識と知恵を持って、同調圧力に負けずこれまで通り「ムダ」を楽しむことだ。

暦通りの慣例をやめろ。イノベーションの天敵だ

横並び意識が不要なことへの対応力を殺す

僕は、コロナ禍のだいぶ前からリモートワークに移行している。

オフィスも決まった職場も持っていない。ノマドワーカーの先駆けだろう。日曜・祝日なども関係ないスケジュールで、仕事と遊びの境目のない日常を駆け抜けている。

コロナ禍で良かったことの一つは、リモートワークの浸透だ。多くの会社では、社員がフロアにいなくても、仕事は回せる。売り上げも、特に落ちない。むしろ経費が減らせたり、出社するだけで仕事せずにふらふらしている、中年以降の「妖精さん」

社員の存在を、あぶりだした。彼らはきっと、自分の役立たずぶりを省みて、転職について模索するいい転機になっただろう（9割の人はそんな勇気も行動力もなく、いまの会社にしがみつき続けるのだろうが）。

リモートワークの浸透は良かったのだけれど、なぜか暦通りのスケジュール感は根強く残っている。土日が空いているのに「次の打ち合わせは週明けで」とか、プロジェクトの進行に祝日がはさまったら、その日は休みだと決めてしまう。スマホがあればいつでもどこでも仕事は進められるのに、暦通りの労働習慣に縛られるのは、どうしてだろう？

暦に従う昭和の労働習慣はなくならない

スマホがなかった時代なら、仕方ないと思う。営業日をカスタマイズして、メンバーに周知させることが容易ではなかったからだ。しかし、いまならSNSや連絡アプリを通じて楽にすり合わせられるはずだ。飲食店の休業日も、スマホ経由で予約できるようにすれば特段の問題は生じない。

なのに、多くの企業やサラリーマンが暦通りの習慣を続けているので、僕らのようなノマドワーカーはたびたび迷惑させられる。

たとえば、ハッピーマンデーが始まって以降、土日が祝日のとき、明けた月曜日が休みになる会社は少なくない。また平日の祝日だと、ふだん開いている飲食店も、休んでいたりすることがある。

リモートワークで通勤習慣はだいぶ崩れたけれど、暦に従って同じ日に働き、同じ日に休む、「横並び」の労働習慣はなくなっていない。

社会の情勢が大きく変わっても、多くの人はワークスタイルやライフスタイルを変えようとしない。階段を一段上るくらいの簡単なことのはずなのに、その変化さえも試したがらない人ばかりだ。

「人はいつだって変われるけれど、すぐには変われない」のだと、再認識している。

ノマドワークは社会システムのムダな投資を省く

暦通り、みんなが決まった日に行動する社会は窮屈きわまりない。進められる仕事が進められず、いろんなところで停滞を生んでいるのではないか。暦に縛られる生き方は、ムダな時間を不必要に作り出していると僕は考えている。

働けるときに働き、遊びたいときに遊ぶ。そのメリハリを暦で平均化するのではなく、他人のスケジュールと補完し合う形で同期させられれば、仕事の質もスピード感も爆上がりするはずだ。

みんないっせいに休むことは、非効率で非生産的だ。巡り巡って、やることが増え、休養ではなくストレスを作りだすだろう。

暦通りの習慣を変えて、休日の分散に努めてほしい。不要不急の対応に思われるかもしれないが、労働習慣のムダが整理されて、生活の最適化を進められる。

社会システムの視点で考えても、休日の分散化は、ムダな投資を省くことにつながる。電力や交通など、公共インフラはピークタイムにも破綻しないように設計されている。だから、どうしてもオーバースペックになりがちだ。

分散化すれば、かなり投資を抑制できる。その余った分の資金を、別の開発分野に充てられるといい。公共インフラへの余剰投資が、たとえば科学技術や医療に回されれば、ポジティブなイノベーションは加速するだろう。

たとえば平日に遊び、土日に目いっぱい働く。暦に従わない人生は、社会のイノベーションへの第一歩だ。リモートワークなら、気持ち次第で実践できるはずだ。

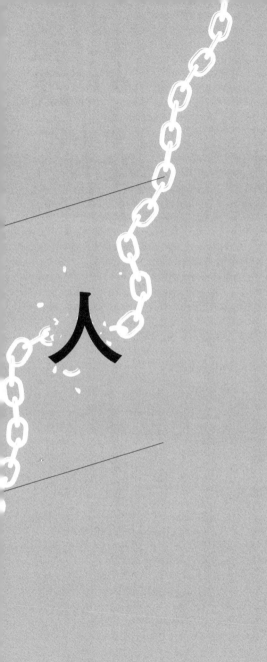

人

3

雑談を止めるな！

〝自粛警察〟が文化そのものを衰退させる

コロナ禍でソーシャルディスタンスが徹底され、密な会話の機会が奪われている。電車の中など、公共の交通機関や飲食店で「会話はお控えください」というアナウンスがこれでもかと繰り返されている。理不尽が過ぎる！　と思う。普通に暮らしているだけなのに「喋《しゃべ》るな」と命令され、みんな口をつぐんでいるのがどれだけ異様な光景か。感覚が麻痺してしまったのか、誰もあらためて指摘しなくなっている。仕事の打ち合わせなどの場面でも、マスクにさえぎられ、よく聞こえない。滑舌が良くなかったり、もともと声が小さい人は会話で苦労しているだろう。

会話について、コロナ禍で奪われた大きなものの一つが「雑談」だ。特に、急を要しないいくだけた知り合い同士のお喋りが、まるで親の敵のように厳しく制限されている。声の大きい人が、人の多いところで、ちょっとでも雑談しようものなら、〝自粛警察〟に「ここでは話をしないでください」と叱られたりする。喋りたければ、アクリルボード越しにしろ！　とでも言わんばかりだ。

飛沫感染の予防はたしかに大切だ。けれど、気の置けないふだんの会話まで取り締まる必要があるのか？　お喋りをなくせば、飛沫は多少は減るだろうが、コミュニケーションの楽しみと引き換えに健康でいられる人生が望ましいのか？

コロナパニックが続いているいま、密な環境で、好きなように大声で喋ればいいとは言わない（本当は問題ないと思っているが）。周囲を不安にさせるというなら、会話はある程度、控えることも大切だろう。19世紀、パリのカフェで雑談からさまざまな思想が生まれたように、僕たち人類は、雑談から多くの楽しみと愉快な人間関係、そして哲学を築いてきたことを忘れてはならない。コロナを排するために雑談を排するのは、人生を豊かにする機会の放棄だと僕は考える。

活発な雑談がビジネスの成果につながる

僕は基本的に、ムダ話が嫌いだ。だけど感度の高いビジネスパーソンや科学者、インフルエンサーたち、そして若者との雑談は、大歓迎だ。

僕の知らない情報や、目新しい思考を得られるチャンスとして、雑談は大いに利用している。雑談はアイデアの源になったり、仕事のヒントにつながることもある。

広告代理店やテレビ局の企画会議は、まずは制作マンたちがニュースを持ちより、野放図な雑談で埋めるという。やがて何かの話題がきっかけで、光る企画が生まれる。また、喫煙室やカフェテリアでの社員同士の雑談は、チームワークを強くする。

雑談は、業績にも好影響を与える。ビジネスライクな話だけで、笑いがなくギスギスしている雰囲気の会社が、高い業績を挙げられるとは考えづらい。活発な意見交換は、成果を挙げるビジネスの基本だ。

機嫌取りとか挨拶とか、本当に中身のない「ムダ」話はふだんの生活から削ぎ落とすべきだが、情報獲得やクリエイティビティなど、ポジティブな効用をもたらす雑談は奨励されていい。雑談の効用を、マスクで封じてはいけないのだ。

初の本格的な音声ビジネスプラットフォーム

音声型プラットフォーム「Clubhouse」の流行は、リアルの会話が避けられているコロナ禍を、逆張りしたムーブメントだったと思う。みんな雑談をすること、雑談を聞くことに飢えていたのだ。

僕も、音声型のプラットフォーム開発を手がけ、今春にアプリ「ZATSUDAN」をリリースした。勝間和代さん、佐渡島傭平くん、竹中平蔵さん、はあちゅうさんなど実業界や政界から多彩な配信者を招き、熱い内容の雑談を配信している。リリース直後から好評で、これから特定コンテンツの有料配信などを進めていきたい。

YouTubeの公式チャンネルでも長年、雑談に近い対談を行っているが、YouTubeは収益構造のほとんどが広告収入なので、エンターテイメントのコンテンツが主流だ。ビジネス系のチャンネルは、なかなか成立しづらい。

「ZATSUDAN」は僕が挑む、本格的なビジネス主体のプラットフォームだ。濃い雑談で、ユーザーと共に僕もビジネスの知見を広めていきたいと思う。

働かない勇気を持て

人間社会も「働かないアリ」を必要としている

多くの企業でリモートワークが導入され、出勤のストレスや内容の薄い会議が、大幅に減った。コロナ禍は社会経済に打撃を与えたが、働き手の生き方を効率化するには、それなりに有意義だったといえる。

しかし、一部では「リモートワークがつらい」という声を聞く。チームメンバーとの連絡関係がスムーズにいかなかったり、雑談ができなかったり、会社からパソコンごしに監視されているような圧迫感を感じる、と。

何より、家での作業はオン・オフの切り替えがしづらい。朝もオフィスで目覚めたような感覚に陥って、通勤時とは違うストレスに悩んでいるというのだ。人はどんな便利な環境になっても、自らストレスを作り出してしまうものだなぁ、と思う。

効率化でムダを削っていくのが必ずしも高い生産性に直結するわけではない、というビジネスの不思議さもあらためてわかった。会社に行った方が心の状態が安定して仕事に意欲的になれる人も、現実に一定数いるのだ。

アリのように生きる選択も間違いじゃない

僕は著書で、たびたび「アリとキリギリス」の話をしている。キリギリスは夏の間バイオリンを弾いたり、歌や踊りで楽しく暮らしていた。一方、友人のアリたちは夏に採れた食べ物を、コツコツ家に運んで貯めている。現代に置き換えれば、キリギリスは定職に就かない遊び人。アリたちは終身雇用に頼るサラリーマンだ。

キリギリスはアリたちの勤勉な生活を、「冬のことなんか考えないで、夏を楽しんで生きればいいのに」とバカにしている。一方、アリたちは「冬は必ずやって来る。作物が採れなくなるから、夏のうちに貯めておかないといけないんだ」と炎天下にほとんど休むことなく、汗だくで働いている。

やがて秋が来て冬になり、作物が獲れなくなる。キリギリスは遊んでいたせいで、食べ物の蓄えがない。飢えて死にそうになったとき、たくさん貯めているアリたちの家に、恵んでもらいにいった。するとアリたちは「夏の間に蓄えた食べ物は、僕たちの分しかないから分けられないよ」と、追い返してしまう。そしてキリギリスは、寂しく飢え死にする……という話だ。

「アリとキリギリス」は貯蓄の大切さだけでなく、社会的弱者への自己責任論の厳しさも表した、現代に通じる寓話だろう。そこで、普通の大人は「アリさんを見習いなさい」と子どもたちに説く。でも僕は一貫して、キリギリスのように生きろ！　と伝えている。穀物の収穫に縛られていた時代ならともかく、テクノロジーが進んで人類は食糧危機から解放された。貯めずとも、好きなことだけで夏も冬も生きられるのだ。

だが、キリギリス型の自由な生き方ではなく、アリのような一定の拘束を受けた方が幸せを得られる人もいる。堅実に働き、蓄えた作物を暖かい暖炉の前で仲間と分け合い、つましく暮らしていく人生も、間違いではないのだろう。

自由がむしろストレスだったり、疲れるという人もいる。心の安定が望めるなら、定時に通勤する、アリ型の暮らしを選ぶのもいいと思う。

しかし、アリであっても、困ったキリギリスには、食べ物を分けてあげてほしい。夏の間、歌や踊りで楽しませてくれた友人を失うのは、悲しいことのはずだ。

アリの世界の2：6：2の仕組み

生物学で有名な説がある。巣穴に棲むアリの一群は、2割は採食などで勤勉に働き、6割は巣の清掃など楽な仕事に就き、2割は働かず怠けているという。

面白いのは、怠惰な2割のアリを取り除いたとき、残りのアリの一部は何の命令を受けたわけでもないのに、怠惰側に「異動」するという話だ。仲間が採食で命を落としたり、寿命が尽きたときも、アリの一群は何かの意思に統率されたように、2：6：2の配分に収まるという。つまり、楽していたり、働いていないムダな存在が、組織の秩序を守っているのだ。

不要不急のムダが生産性を支えているのは、人間社会も同じではないだろうか。いらないものの役割が認められているのは、まさに多様性の本質といえる。

飲食を交えたコミュニケーションを止めるな

フランクな場は自分の思わぬ成長につながる

コロナ禍で経済的な打撃を受けた業界は多いが、特に旅行業界と飲食ビジネスの被った被害は甚大だった。どちらも、客足は2年前の1／10程度に減った。収益モデルとして、ほぼ壊滅状態だ。業界全体が生き残れるかどうかの正念場が続いている。旅行の方はGoToキャンペーンなどで行政が経済的な補填を試みたものの、焼け石に水だった。飲食の方はより深刻だ。休業要請からの給付金で業界全体を支えていこうとしているが、給付金が支払われるまでの手続きがあまりに煩雑だ。行政の対応スピードも遅すぎる。支援を待っている間に、良質な飲食店がドミノ倒

郵 便 は が き

料金受取人払郵便

新宿局承認

4337

差出有効期間
２０２２年９月
30日まで

1 6 3-8 7 9 1

9 9 9

（受取人）

日本郵便 新宿郵便局
郵便私書箱第330号

（株）実務教育出版

愛読者係行

フリガナ お名前		年齢　歳 性別　男・女	
ご住所	〒		
電話番号	携帯・自宅・勤務先　（　　）		
メールアドレス			
ご職業	1. 会社員 2. 経営者 3. 公務員 4. 教員・研究者 5. コンサルタント 6. 学生 7. 主婦 8. 自由業 9. 自営業 10. その他（　　）		
勤務先・学校名		所属（役職）または学年	
今後、この読書カードにご記載いただいたあなたのメールアドレス宛に 実務教育出版からご案内をお送りしてもよろしいでしょうか			はい・いいえ

毎月抽選で５名の方に「図書カード１０００円」プレゼント！

尚、当選発表は商品の発送をもって代えさせていただきますのでご了承ください。

この読者カードは、当社出版物の企画の参考にさせていただくものであり、その目的以外には使用いたしません。

■愛読者カード

ご購入いただいた本のタイトルをお書きください】

タイトル

愛読ありがとうございます。
後の出版の参考にさせていただきたいので、ぜひご意見・ご感想をお聞かせください。
お、ご感想を広告等、書籍の PR に使わせていただく場合がございます（個人情報は除きます）。

……………………………該当する項目を○で囲んでください……………………………

本書へのご感想をお聞かせください

内容について	a. とても良い	b. 良い	c. 普通	d. 良くない
わかりやすさについて	a. とても良い	b. 良い	c. 普通	d. 良くない
装幀について	a. とても良い	b. 良い	c. 普通	d. 良くない
定価について	a. 高い	b. ちょうどいい	c. 安い	
本の重さについて	a. 重い	b. ちょうどいい	c. 軽い	
本の大きさについて	a. 大きい	b. ちょうどいい	c. 小さい	

本書を購入された決め手は何ですか

. 著者　b. タイトル　c. 値段　d. 内容　e. その他（　　　　　　　　　　）

本書へのご感想・改善点をお聞かせください

本書をお知りになったきっかけをお聞かせください

. 新聞広告　b. インターネット　c. 店頭（書店名：　　　　　　　　　　）
. 人からすすめられて　e. 著者の SNS　f. 書評　g. セミナー・研修
. その他（　　　　　　　　　　）

本書以外で最近お読みになった本を教えてください

今後、どのような本をお読みになりたいですか（著者、テーマなど）

協力ありがとうございました。

しのように閉店している状態だ。ほとんどの飲食店は、自転車操業なのだ。

1週間店を閉めるだけで、経営危機に陥る。そこにきてマスコミの報道のせいで、飲食店は「感染拡大の温床」みたいなイメージを植えつけられている。店を開けるなと言われるし、店を開けてもお客さんは来ない。飲食店は、手の打ちようがなくなっている。コロナを憎んでいる社会人は多いと思うが、飲食業界の人たちの抱える恨みの比ではないだろう。

僕も、立派な飲食業界の住人だ。もちろん被害を受けている。WAGYUMAFIAは、コロナ前は順調に世界展開を広げていたが、いったん見直し。ポップアップイベントも減って、コロナ禍以降は黒字をだすのに苦労している。

普通のビジネスマンだったら、いったん事業を閉じた方が楽だと考えるかもしれない。でも、僕はくじけなかった。飲食や旅行は、コロナ禍では「ムダ」側の娯楽とされている。けれど僕たちは、美味しいものを好きなだけ食べて、仲間と語らい、見たことのない遠い場所へ旅することが、生きがいだったのではないか?

感染リスクに過大に怯えるあまり、生きがいを手放すような決断を、僕は実業家である以前に、主体性を持つ人間として選択したくない!

不要不急でムダな娯楽が、人の幸せと、巨大な経済市場を築いてきたのだ。その歴史を忘れてはならないし、コロナ禍だからといって終わらせていいわけがない。

やれることは、必ずある。僕たちも試行錯誤しながら、コロナ社会でも美食と交流の機会を創出する、魅力的なビジネスを実践している。工夫を凝らしたメニューを提供しているWAGYUMAFIAに、みんなぜひ来てほしい。

そして感染予防をしたうえで、飲食や移動を楽しんでもらいたいと思う。

飲み会で芯を食ったアドバイスを受けられる

飲食の場を楽しむノリは、ビジネスマンの成長には不可欠だ。

以前から僕は「行ける飲み会にはすべて行け!」と説いている。大学のサークルや、会社の部署の定例会など、顔なじみの知り合いとの飲み会は、無視でいい。

だが、ビジネスでつながり、少しでも興味を持った人が誘ってくれた飲み会には、スケジュールの都合をつけて1時間でも参加しよう。行ってみて、つまらなかったら、二度と行かなければいいだけのことだ。

思いつきと出会いのチャンスにノリよくライドして、まず行動してみる意欲が重要なのだ。意欲的に行動した先には、止まって考えているときにはつかめない、意外な気づきが必ずある。

たとえば、以前まで僕は「TERIYAKIプレミアム食事会」を定期開催していた。10万円の会費で10名弱のお客さんが僕を中心にしてカウンターに座り、ビジネス談義を繰り広げる、人気のイベントだった。ノリで参加するのには最適な場だった。

会費が高めなだけあって、お客さんの多くは事業家などの富裕層だ。一方で、貯金をはたいて申しこんできた無職に近い若者も何人かいた。その行動意欲は素晴らしい。

会に参加するお客さんは、手がける事業も個性も志も、バラエティ豊かなメンバーだ。そういう人たちと同じ場で楽しく飲み食いしながら情報交換する体験は、若い人には貴重な学びとなるだろう。

ときには、話し方とか服装が少し残念な若者に、「君は見た目で損しているね」(僕も昔はそう言われたが)という芯をとらえた指摘が受けられる。無名な若者には関心のない、世間の普通の大人たちはまず言わないだろう。不要不急の飲み会は、ときに芯を食ったアドバイスをキャッチする機会としても有用なのだ。

AIに勝ちたいなら不要不急を妨げるな

DXとコミュニケーションの絶妙なバランスが大事

前の項で、飲食業界の危機について書いた。僕たちWAGYUMAFIAは何とかコロナ禍を切り抜けられそうだが、大箱で居酒屋タイプの既存の飲食店のほとんどは、残念ながら生き残りは厳しい。業態そのものが時代遅れになるだろう。

広いフロアに集まって、みんなでワイワイ騒ぎながら飲食する場がなくなるわけではない。しかし、居酒屋の経営者は、料理学校やどこか別の店で修業したような苦労人が務めていることが多い。経営者がそうでなくても、料理長やシェフは、だいたい料理業界を渡り歩いてきた人たちだ。料理の腕は大事だが、長年料理業界だけで働いてきた40代、50代の大人は基本的にこだわりが強い。店のつくりや料理の味に一定の正解を持っており、時代により変えていくスタイルを拒みがちだ。

「昔と同じ。変わらないことに価値がある！」という言い分も、わからないでもない。しかし、昨今のコロナ禍のような100年に1度と言われる危機の時期にも変わっていこうとしないのは、「適者生存」の考えからは大きく外れている。「私たちは店が潰れても文句を言いません」と宣言しているようなものだ。

「昔と同じ」は、常に変化と適応が求められるビジネスの世界では無用だろう。

こだわりの強い、昔気質の飲食店経営者に限って新しいものを採り入れるのが遅い。特にITの導入だ。古い居酒屋タイプの店は、いまだにクレジット決済を導入できなかったり、手書きの帳簿で会計処理しているところが少なくない。

僕も地方のお店で美味しく飲食したとき、何度か「うちは現金のみです」とカード払いを断られた。すごくげんなりする。舌に残った美味しさも半減だ。お客さんに平気で現金払いの手間をかけさせる店が、長く愛されるわけがないだろう。

うちの方針に沿わない客は、来なくていい！　とばかりに、お客さんを選ぶ店もある。強気は結構。だが、自分たちで変わるコストを避けて、お客さんに旧式のルールを強いるスタイルは、あと何年ももたないはずだ。コロナ禍で、感染リスクを高める現金のやりとりは減り、飲食店はQRコード決済が当たり前になるだろう。

かつて飲食の世界では、修業に裏付けられたこだわりが必要だった。反面、新しいテクノロジーや、お客さんとのコミュニケーションスキルは軽視されてきたように思う。しかし今後、そのムダだった要素が、生き残りには不可欠になる。圧倒的リサーチ力で全国グルメ旅を再現している、渋谷のミヤシタパークに新設された渋谷横丁に行ってみて、確信した。飲食店の未来像は、大箱の居酒屋タイプのような昔ながらの一つの店構えにはない。多彩な食をまるごと体験できる、コミュニケーションに満ちたエンターテイメント空間がスタンダードになっていくだろう。

コロナ禍をきっかけに、こだわりを打ち砕き、意識をアップデートしよう！ これは飲食以外のビジネスにも広く求められることだ。

パン屋の経営は可能性に満ちている

WAGYUMAFIAに続いて、パン屋の経営も手がけている。HIU（僕のオンラインサロン・堀江貴文イノベーション大学校）から生まれた「小麦の奴隷」を、2020年の春にスタートさせた。「映える」クルトンで包んで揚げた「ザックザクカレーパン」を筆頭に、厳選素材による焼きたてパンを、常設店舗で製造・販売している。北海道の大樹町本店のほか、東京の清澄白河・中野、埼玉、茨城、愛知、滋賀、大阪、香川、沖縄、福岡でブランド展開中（2021年8月時点）だ。店舗はまだまだ増えていく。

「小麦の奴隷」では、チャレンジ精神に満ちたメンバーが手を挙げ、北海道へ居を移し、パン屋経営に奮闘してくれている。ほとんどは、パン屋の未経験者だ。それでも工夫と実践を重ね、各店舗とも黒字経営を維持している。純粋にすごいと思う。

「小麦の奴隷」は美味しいパンはもちろん、パンとエンターテイメントを掛け合わせた物語づくりで勝負をかけている。すでにお店には、地元のお客さんのファンがつき、完売する日も多い。始まったばかりだが、パン屋ビジネスの視界は良好だ。

経営のDX化、オペレーションの合理化を、これから推し進めていく。注力しているのは、スタッフのコミュニケーションレベルの上昇だ。お客さんとの密な関係構築に頭を使うようにしている。AI時代に人間が勝てるのは、それしかない。

コロナの「後遺症」こそ真に恐れろ

「コネクティング・ザ・ドッツ」こそ不要不急の極意

僕は2011年の6月、東京拘置所を経て長野刑務所に収監された。その3か月ほど前に、東日本大震災が起きている。

震災当時の僕は、収監を前にした身辺整理に追われ慌ただしい日々を過ごしていた。正直、震災の痛手に浸っているヒマはなかった。でも、大変な世の中になってしまった緊迫感と、憂鬱な感情は覚えている。直後のリアルな気持ちは、茂木健一郎さん編『わたしの3・11　あの日から始まる今日』に寄稿しているので、機会があれば読んでみてほしい。

長野で刑期を終え、2013年に出所した。被災地は完全復興には至っていなかったけれど、地方の暮らしは、おおむね震災前の日常を取り戻していた。

出所後、ニュース番組も震災関連以外の報道が主になっていたと記憶している。ビジネスを手がける友人たちには「2011年の沈滞ムードや、世の中の分断された様子は、本当にひどかった」「商売的にも厳しかった。堀江さんは、ちょうどいい時期に刑務所に入っていたかもしれないね」と言われた。

うーん……と、複雑な気持ちにさせられた。望んで収監されたわけではないので、「いい時期」だったとは少しも思えない。でも僕がシャバから少し離れているうちに、社会全体が未曾有の天災によって、想像もつかなかった深刻な分断に見舞われていたのは事実だった。

先の見通しが立たない空気感の再来

10年近く前の、出所後に噛みしめた複雑な気持ちを、2021年の現在と重ね合わせている。コロナ禍による自粛派と、反自粛派の分断は進むばかりだ。加えて経済的な打撃が沈滞ムードを深め、老若男女を問わず、みんなうんざりしている。

政府の対応は決して効果的には見えず、先の見通しが立たない。僕の実感していなかった大震災直後の空気は、こんな感じだったんだろうな……と思った。

でも、あのころは最悪日本から出て行くことができたし、暑い日でも屋外でマスク着用を強要されなかった。いまよりだいぶ、いろんな面でマシだったかもしれない。

たしかなリテラシーが分断を解消する

震災後は、メディアを通して「一つになろう」という大合唱が起き、人々は力を合わせ、結束するように求められた。しかし、コロナ禍では「密になってはいけない」「人との距離をとってください」と命じられている。真逆のメッセージなのに、どちらも同じく分断を引き起こしているのは興味深い。

本質的な問題をずらして上っ面の対応に振り回されていると、意見の違いが激しくなり、相互監視が強くなっていく。社会全体に限らず、ビジネスなど組織の中でもありえることだ。相互監視が強い環境では、ムダなもの、不要不急なものが排斥されがちだ。そして窮屈さが増すという悪循環に陥る。

コロナ禍の後遺症の一つは、この相互監視に支配された分断社会だ。過度な同調圧力が情報の往来を阻み、普通の人たちの視野を狭くしている。

分断社会の改善に有効なのは、正しい知見に基づいた知識と、思考力による行動だ。緊急事態のもとでは、陰謀論やメディアの印象論に振り回され、思考停止に陥って分断に閉じこもる人が多すぎる。健康被害を恐れてワクチンを打たない派は、閉じこもる側の最たる例だろう。

ワクチンを打たない人が一部でもいる限り、クラスター発生のリスクはなくならない。ワクチン接種派とワクチン不要派、または自粛推進派と反自粛派の人たちが分かれて暮らす新エリアの建造とか、本当に実現してしまうのではないか。

しかし、それが本当に僕らの望む社会だろうか？　分断が固定化された社会に、若い世代が希望を持てるはずがない。大震災やコロナ禍のような災厄に直面したとき、最大の解決事項は分断の解消だ。

僕たちは監視を強めるのではなく、正しい知識を学ばなくてはいけないし、正しい思考で目の前の問題に取り組むべきだ。そうすることで、自ずと不要不急を省くのではなく、その価値を取り戻す行動に臨めるようになると思う。

スティーブ・ジョブズは「点をつなぐ」生き方を推奨した。一つに留まらず、たくさんの点を打つこと。その点と点は、思いがけずつながり、長く太い線が生まれる。

人生を変える線画をどう作りだすかは、「不要不急」における行動次第なのだ。

SNSの批判や悪口をスルーするな

黙っていては犯罪に加担するのと変わらない

冬は北海道のニセコでスノーボードを楽しむ僕は、昨年末にそのときの自撮り写真をSNSにアップした。すると秒速で「鼻毛出てますよ」というリプが飛んできた。40代後半にもなれば、鼻毛が伸びやすくなるのは自然なことだ。鼻毛処理はしているけれど、スノーボードをした後は呼吸が激しくなっている。多少鼻毛が出るのは普通だし、出てたって何も悪いことはない。なのに、それをさも「人としての落ち度」のような言いぶりで指摘してくる人が現れる。自撮り写真を撮る前に、鏡を見て鼻毛よし！　とチェックしてからキメ顔で撮るおっさんの方が気持ち悪くないか？　何もスノーボードのときだけではない。ＳＮＳには、たびたび〝鼻毛警察〟が現れる。とにかく何でもいいから、人のあらを探してツッコミたい。そんな人たちにとって、ＳＮＳは手軽な「ツッコミツール」になっているようだ。

クソリプは度が過ぎると厳罰を受ける

小学生のときにも、「寝ぐせがついてる！」とか「しゃべり方が変！」とか、友だちのあらを探し、ツッコんでは喜ぶうっとうしい男子・女子がいただろう。そのまま大きくなった大人たちが、ＳＮＳには大挙して集まっていると感じる。

スマホで僕の鼻毛が出ていることを確認するには、いちいち写真を拡大表示して、調べなくてはいけない。おっさんの鼻毛を手間ひまかけて見つける、この世で最も非生産的と言えそうな、くだらない作業を熱心にしている人の気持ちって……何？

おそらく、承認欲求のあらわれだ。とにかく誰かにツッコミたい。それを他人に、見られたい。鼻毛警察によるスピーディなリプは、「ホリエモンの鼻毛を見つけた俺、偉い！」という満足感を得るのが目的なのではないかと推察する。

フォロワーの多いインフルエンサーは、鼻毛警察に従事する匿名の人たちからのクソリプを、休みなく受け続けている。僕の場合は「身だしなみチェックを無料で代行してくれるなんて、ご苦労さま」と思いスルーしているけれど、メンタルの強くない人は、精神的に参ってしまうだろう。

現在は、誹謗中傷の投稿はプラットフォーム側での照会が可能になっている。アカウントの開示請求が認められ、訴訟も起こすことができる。僕も何件かのアカウントに厳しく対応して、金銭和解の話し合いを進めている。「クソリプ」は楽しいかもしれないが、調子に乗っていると厳罰を受ける。それだけは覚えておこう。

クソリプ返しで国語力の再教育のお手伝い

クソリプを完全に否定しているわけではない。もちろん人格攻撃をしたり、根も葉もない妄言ばかりの、クソすぎる内容は許せないが、思ったことを臆さずに発言する前のめりの姿勢は、悪くないだろう。クソリプも一定の「ノイズ」として、僕は目を通している。自分の主義や嗜好に沿った意見ばかりを採り入れていると、視野が狭くなるからだ。ごく稀に、クソリプの中から「そんな見方もあるのか」などと省みることがある。クソリプも、ときに役立つ「不要不急」となりえるのだ。

どんな意見だろうと、外へ向かって問いかけることで、活発な議論を生むきっかけになりうる。一番よくないのが、黙ってしまうことだ。無言でいたら、仮に優れた思考だとしても、存在しないのと同じだ。

思ったままの言葉を、口に出していい。自粛で行動が制限される世の中になろうと、意見を好きに投げる自由は、奪われてはいないのだ。ただし、先に述べたようにクソリプの発言者は厳罰もありえる。ボロカスに叩き返される覚悟を決めておこう。他人をツッコもうとか、批判しようという発言は、勇気ある行動ではなく、れっきとした「迷惑行為」だ。しっかり、やり返されて当たり前だと、腹をくくろう。

僕は、インフルエンサーの中では割とこまめにクソリプ返しをする。それはクソリプ側を、ボコボコにしたいからではない。ツッコみをする人たちの多くは、こちらの発信した文章が読み取れていないのだ。クソリプ返しで、過去の発言を落ちついて読み返し、少しでもマシな国語力を身につけてもらいたいと考えている。言ってみれば、SNSで「国語バカの再教育のお手伝い」をしているのだ。

4

仕事

働かなくていい。ただ遊び力を磨け

同調圧力に「ノリ」を吸い取られてはいけない

学生時代に起業してから今日まで、日がな1日ぼんやり過ごしたり、「なんか面白いことないかなぁ……」と、無為に時間を費したことがない。

1日に数十件のビジネスの予定をこなし、旅行に会食、トレーニング、情報収集や発信を行っている。それでも、睡眠時間は6時間以上取っている。普通の人なら、数日こなしただけで寝こんでしまうようなスケジュールかもしれないが、僕の心身はまったく問題ない。毎日がひたすら楽しい。嫌なことやストレスを可能なかぎり省き、常識やいろんな制約に縛られず、不要不急の遊びを味わいつくしているからだ。

遊んで暮らしていますと言うと、「ホリエモンだからできるんだ」と言われる。そんなことは全然ないのだが……逆に問いたい。僕だからできるという根拠は、何？ すると、もともと情報処理能力が高い、人より情報に恵まれている、優れたスタッフが周りにいる……などと挙げてくる。

だったらあなたも、できるでしょう？ と言いたい。誰だって、その気になれば僕と同じ多動力人生は、可能なのだ。

「遊んで生きる」暮らしは、僕が発明したものでもなんでもない。誰にでも、できる選択だ。もし自分にはできないと言うなら、「できない」理由をつけて、わざわざ遊びを捨てただけではないだろうか。なんて、もったいないのだろう。

他人と見比べ「自分には無理」と言い訳して、行動に制限をかけている人は、人生をムダにしている。繰り返して言うが、人生は有限なのだ。

人生100年時代とはいえ、無限に生きられる人は、僕を含めて一人もいない。だからこそ、僕は無限に生きるために、全力をつくしているのだ。「ホリエモンだから」と皮肉られるいわれは、まったくない。たったいまから、夢中になれる遊びに没頭し、この瞬間を生きる！ 特別な能力などなくても、簡単にできることだ。

成功者は遊びのエキスパート

この世は諸行無常。指をくわえてヒマになるタイミングを待っていても、時間は削られていくだけだ。手や足を好きに動かして、すぐ遊び出す。つまり、行動が大事だ。ひとたび行動を起こしたら、人生は必ず、大きく動き始める。必ずだ。

待っているだけの人に、チャンスは来ない。動いた人には、チャンスの方から、つかみやすいベストの速度で飛びこんでくる。これはライフマネジメントの法則なのだ。

遊びに乗りだし、遊びにハマることで、成功を強く引き寄せる。損得や後先にとらわれない「没頭」によって、オリジナルの感覚や視点が育つ。それが他人と差別化できる、個性を生み出すのだ。

ビジネスで成功した者たちは、みんな遊びにハマるエキスパートだ。

製造業でもサービス業でも、ネット企業でも、創業者たちは口をそろえて「好きなことに夢中になっていたら、お金に困らなくなっていた」と言う。嫌なことを我慢したおかげでお金持ちになれた、という人は、一人もいない。

「失敗したらどうしよう……」と考えないで、好きな遊びに夢中になる。そうした者にこそ、本物の恵みが自然に集まっていくのだ。

ノリのいい人が勝ちを総取りできる

自分を主張せず、上からの命令に従っている常識人が、昔はどの分野でも重宝された。だがいまは、常識を破る行動力の持ち主が求められている。コロナ禍では、さらに価値を高めているだろう。

シンプルに言えば、人生のムダをいとわない「ノリ」のいいヤツだ。頭のいいヤツや要領よく仕事をこなせる秀才は、いくらでもいる。でも、ノリのよさで頭一つ抜け出る人は、なかなかいない。ノリよく、いろんな遊びや出会いの場に顔を出すだけで、プラス評価を積み上げられるのだ。

才能と実績は、意欲的に動いていると、勝手に身についていく。

これからは面白い「ノリ」、そして「カオ」「コト」を持っている人が、ビジネスでも恋愛でも、勝ちを総取りできるのだ。

毎年「ほぼ日手帳」なんか買うな

メモる時間があるなら行動に使え

僕の知り合いであるSHOWROOM代表・前田裕二さんの著書『メモの魔力』が大ベストセラーになった。

他にもメンタリストDaiGoさんの『人生を変える記録の力』や、野口悠紀雄さんの『「超メモ」革命』など、メモ術を説いたビジネス書が近年流行しているようだ。GMOインターネットグループ代表・熊谷正寿さんの「夢が、かなう手帳。」や糸井重里さんの手がける「ほぼ日手帳」などの手帳も、毎年よく売れている。

正直、メモ本ブームに加われないのは少しだけ悔しい。タバコを吸わないので、喫煙ルームでの一服の輪に加われないのに似たもどかしさだ。

愛煙家のビジネスパーソンは、オフィスの喫煙ルームで、同じ愛煙家たちと「最近あの子とどうなった?」とか、「会員制バーの権利がようやく手に入ってさ……」など、その場でしか交わせない話で盛り上がったりしている。他愛もない会話かもしれないが、何か面白いきっかけが生まれる可能性のある空間に入れないのは少し残念だ。

だけど、流行っているからメモの取り方を学ぼうとか、友人のすすめる手帳を買うつもりは全然ない。僕は、メモや手帳の類いをいっさい使わないからだ。

「人間にとって必要な不要不急」と「人間にとって必要でない不要不急」で言うと、メモ帳は後者の方だ。実利的にはぜんぜん意味がないと思う。

前述した知り合いたちの著作のように、メモ術を説いた本にも、いいものはあると思う。それが読者のビジネスの質を高めるのに役立つなら、結構だ。

でもそれって、メモを使わなくても、できるんじゃない? と僕は考える。

「ほぼ日手帳」は、便利だというなら買ってもいいけれど、「スケジュール管理を見える化して効率よく生きることが上手な自分」を演出したいのが目的だったら、ムダな出費ではなかろうか。

予定はスケジューラーでの開放が効率的

僕がメモ帳を使っていたのは、もう20年以上前だ。ライブドアの前身となるウェブ制作会社を起業して、毎日スケジュールに追われていた。創業2年目くらいまでは、予定管理のためにメモ帳を利用していた。

しかし、3年目に自分たちで社内用のスケジューラーを作りあげた。「iモード」のシステムを使ったツールで、外出先からもチェックできた。自前のシステムで充分、スケジュールを管理できたのだ。

後に共有のスケジューラーを開放して、社員たちが僕のスケジュールを自由に組んでいけるようにした。現在はiPhoneにもともと入っているカレンダーにGoogleカレンダーを同期させ、スタッフにスケジュールを開放している。

スケジュールを整えるのに、メモ帳はいらない。

不要不急の用事がいつ、どんなタイミングで入ってくるのかわからないのだから、スケジュールを開放しておくのが最適だ。

逆に言うなら、メモ帳でスケジュール管理しているうちは、まだまだ遊びが足りなかったり、行動の余白が埋めきれていない証拠なのだ。

メモしないと忘れる情報に価値はない

メモは、めったに取らない。大事なことは必ず記憶しているから。つまり記憶からこぼれてしまうようなワードや案件は、僕にとって重要ではないのだ。

たまにメモを取っても、まず見返さない。家のタンスの奥にしまってある、着なくなった服みたいなものだ。気まぐれにタンス整理していたとき「あ、こんなの残ってたっけ」と、気づいたりするくらいで、特に大事ではない。

たくさんの情報をインプットすれば、脳の中は新しい情報で急速にアップデートされていく。その加速運動においていかれるようなメモワードは、捨てていい。

すごいビジネスアイデアを思いついたからメモする、トラブルの処理方法がわかったのでメモする、という人もいるだろう。しかし、それが後になって本当に役立ったことは、ほとんどないんじゃないだろうか。メモしたような内容は時間が経てば、違う価値ある別の情報に上書きされているはずだ。

メモなんかに頼らず、聞いたことはみんな忘れるつもりで、行動に熱中してほしい。そうすれば情報の上書きからすりぬける、強いアイデアや言葉だけが残るはずだ。

緊急事態でも儲かるビジネスに張れ

オッサンの虚栄心は不必要なムダの最たるもの

前の章で述べた、パン屋「小麦の奴隷」がオープンして2年目になる。基本的には黒字経営を継続中だ。詳しくは別の項に出てくれる、1号店オーナーの橋本くんに譲る。

うまくいっている理由は、複数ある。まず、日本の食卓において、パンはほぼ毎食の頻度で食べる「主食」であることだ。

パンは、普通の家でも焼ける。しかし、お米と違ってかさばるので、保管には専用のストッカーやオーブンが必要だ。パンメーカーで作るのはさらに手間がかかる。

主食なのだけど手作りするのは面倒なので、ほとんどの家では買っているだろう。それも、できればコンビニパンなどではなく、職人が作った焼きたてがいい。パンは毎日、お金を出して店で買う習慣が根づいているのだ。コロナ禍でも強いのは当然だ。

また「小麦の奴隷」は現状、地方進出に軸を置いている。北海道の大樹町のような田舎では正直、美味しくておしゃれなパン屋の競合が少ない。学校給食のパン製造を引き受けているだけで、周辺の市場を独占しているパン屋もある。そんな中にインスタ映えのする、手のこんだパンを提供すれば、単価が高くても新しモノ好きなお客さんには需要がある。『さおだけ屋はなぜ潰れないのか？』を地で行く環境に、ブランド戦略で参入したことが功を奏したのだ。

そして田舎は、人口密度が低い反面、人付き合いの密度が濃い。だから、都会では成功率の低い訪問販売が効果を発揮する。パン屋まで20〜30分歩いて買いに来るという人は多い。比較的高齢なお客さんなどは、こちらから出向いて売りに行くと、とても喜ばれる。また大樹町の移動販売では、移動ルートをＧｏｏｇｌｅマップと連動させている。「ｐｉｎ」すれば買ってもらえる場所がわかるので、お客さんに好評だ。

パン屋は、コロナ禍では不要不急の商売だろう。感染リスクに怯える人にとって、外でパンを買うのは避けたいかもしれない（店の感染対策は万全なのだが）。それでも、戦略と攻めるポイント、デジタルツールを駆使すれば、儲けを出すことはできる。やる前にあきらめるのではなく、まずやり始め、走りながら改善していけばいい！

それが厳しい時代のビジネスの正解であると、僕たちは自らの行動で証明している。

DXによってホワイトカラーの9割が無職に

コロナ禍で多くのビジネスが窮状に瀕しているが、「小麦の奴隷」のようなパン屋以外にも、しっかり儲かっている分野はある。

ウーバーイーツなど配送事業のほか、オンライン配信、賃料の下落を狙った居抜き事業、ビジネスマン向けの新たな民泊事業など、むしろコロナ禍だからこそ稼げるビジネスが、いろんなところで花盛りだ。

キーワードとなるのは「DX（デジタルトランスフォーメーション）」だ。ITをベースにした業務の自由化で、人手のかかる工程は徹底して省力化が進んでいる。コロナ禍でまた一歩、仕事に縛られずに不要不急を楽しめる社会の実現に近づいているのだ。

しかし、多くのホワイトカラーは時間をかけて、自動化できるプロセスを人手でやることがいまだに美徳と考えている。DXの素早い浸透を阻んでいるのは、彼らのアップデートしない価値観だ。部下に偉そうにしたり権限を誇示できる機会が、DXによって奪われることをひどく嫌っている。僕が育ったプログラマーの世界の美徳とは、まったくの正反対だ。

プログラマーは、作業の効率化を必死に問い詰め、仕事の負荷を最小限に下げ、なんとか一つでも多くのタスクを処理したいと考える。はた目には「楽することが第一」と見られるかもしれないが、ビジネスの成長を第一に考えているのだ。マインドの組成が、根本から違う。

流した汗のぶん結果がついてくる、というホワイトカラーの理念は否定しないけれど、DXに完璧に淘汰される側である危機意識は持っておくべきだ。

遠くないうちに、DXがすべてのビジネスの基幹となる。そこでホワイトカラーの9割は、ほぼ無用となる。そのとき彼らは、すぐに遊びに飛び出せるだろうか? 答えは「否」だろう。だから僕は、ホワイトカラーのこれからの生きがいを再構築するためにも、オンラインサロンを推進しているのだ。

一つずつ、ひたすら愚直にやりきれ

「潔くあきらめろ」は悪魔のささやきだ

「ビジネスの場では、長期的な戦略や先を見すえた計画設計が大切だ」と言われる。計画に基づいた準備を忘れてはいけないと、年長の大人は「耳タコ」で言うだろう。だが僕は、ご都合主義だな……と呆れる。

真面目に働いてきたサラリーマンの多くは、物事は計画した通り、イメージに沿って進むと信じている。かかわる人たちも、スケジュールや約束を守ってくれると考えている。しかし、事前の計画や思惑が180度覆される事態は当たり前に起きる。

ビジネスに絶対のルールはないけれど、あえて一つだけ言えば「想定外の事態に遭遇する」のが、たしかなルールだろう。

昨今のコロナパニックは、想定外の最たる例だ。

感染禍でなくても、当てにしていた資材の不足、金融情勢の変化、資金繰りの停滞や、関係者の突然の事故など、いろんな不測の事態で、事前の計画が覆された。

そういうとき、ご都合主義の考え方は、本当に弱かった。対策の手がなくて、ただうろたえるばかり。活かせるはずの不要不急にも、目が向かなくなったはずだ。

どうにもならないトラブルでは、全面ストップも選択される。勇気ある撤退、と言い換えられることもある。どうにもならないときは「いったんすべて見直す!」とゼロベースに立ち返ることが、ポジティブな選択のように思われているようだ。

僕は、勇気ある撤退には断固として反対したい。

多少の障害を前にして、一度やり始めたことを、潔さで取り繕って、やりきらずに逃げてしまう。それで満足なのか? と問いたい。

潔さとは、ご都合主義の自己弁護であり、詭弁だ。結局、やりきる情熱を放棄した、敗北宣言ではないか。敗北を直視しないままリスタートをきって、次のビジネスでうまくいくわけがない。

潔くあるべきは、ご都合主義からの離脱だ。

不測の事態に、負けてはいけない。しつこく、粘り強く、目の前のことをやりきるのだ。時間のロスとか人材の都合ばかり見て、多くの人は、やりきることの面倒くささを避けている。勇気ある撤退を選択した人に、成功者はいないのだ！

実績を挙げている人は、みんな潔くなんかない。あきらめが悪く、泥くさく、一つずつ対処できることを積み重ね、目指したものに到達するまでやりきるのだ。

綿密な事前の計画など、役に立たない。むしろ撤退の言い訳になってしまう。

大事なのは、トラブルやピンチに折れないハートと、やりきる愚直さだ。

折れない気持ちで不測の事態を切り抜けられる

僕は、成功するための上手いコツとか、ショートカットの方法を知っているように誤解されているようだ。実際は、何のひねりもないことしかやっていない。

僕のビジネス理念は、徹底してシンプルだ。絶対にやりきる、と覚悟を決め、ひたすら努力しているだけ。イメージだけ膨らませて、実際に僕のビジネスを間近で見た人は、みんな驚く。「ホリエモンはここまでやりきるのか」と感嘆する。

別に努力家を気取りたいわけではないが、逆になんで、みんなやりきらないの？と不思議だ。飽きたならともかく、自分でやりたくて、始めたことでしょう？　やっていれば絶対に、もっと面白くなっていくのに、途中で撤退してしまう理由が僕には理解できない。

ロケット開発もミュージカルもWAGYUMAFIAも、回していくのは大変だ。かかわってくれるスタッフも、どんどん増えている。笑ってばかりいられない場面も、たびたびだ。それでも必死でやっているうちに、始めたころは考えもつかなかった実績ができて、お金も集まった。知識や技術が増えて、見える景色の解像度が、さらに高まった。ただやるべきことを、淡々と、大胆に、実行していっただけ。ゼロにイチを足していく地道な繰り返しで、僕たちは誰にでも胸を張れる成果を収めたのだ。

大事なのは、折れない気持ちだ。どんな不測の事態でも、やりきる！　障害があっても、ぶつかっていけば、出口が開くこともあるはずだ。

潔さに価値はない。人生で価値を発揮するのは、一つ一つを積み重ねきる根気だ。あきらめずに、積み上げる行動から逃げなければ、必ず設計を越えた成果をつかめる。

「リスクゼロ」を目指すな。思考停止だ

人間のあるべき姿を学び直そう

僕の本を読んでいる人の大きな関心事の一つは、やはり「お金」だろう。

給料の高い会社に転職を繰り返しても、貯金をいくら頑張っても、お金が足りない、欲しくてたまらないという人は少なくない。そんな生き方の空虚さ、くだらなさを僕はしつこく説いてきたが、「だけど堀江さん。お金はあった方がいいんです！」という。

頑固さにめまいがしそうだけど、無理もない。財布から出ていく以上に、お金の入ってくる状態が理想だと、信じて疑っていないのだ。関心は、儲け話のみ。儲け第

一で行動しているのは、思考停止を固定している状態なのだが、気づけない。これが貯金信仰の恐ろしさだ。

お金への悩みや、お金で困るような状況を、きれいさっぱりなくしてしまう方法が、一つだけある。お金儲けには一切、手を出さないことだ。

教訓めいた話をしたいわけではないが、お金儲けをしようという意識で動いていると、いずれ借金することになる。どんなに稼いでも、足りない、足りないと思っているからだ。やがて親類や知り合いにお金を借りまくり、借金はかさんでいく。失った分を取り戻そうとして、さらに別のお金儲けに借金を投じ、またお金を失っていく。

負の連鎖は、止まらない。お金儲けを始めたら、借金につきまとわれ、お金で悩み続ける人生が決定づけられる。とりわけ投資ビジネスは、危険だ。知見の揃ったプロでも、そう簡単に投資は成功しない。適切な準備をせず、楽にお金を儲けようと軽い気持ちで始めても、手痛いヤケドを負うだけだ。

経験もないのに「いい儲け話がある」という誘いに、気軽に乗ってはいけない。ノリの良さは大切だが、お金儲けで発揮するのは、頭が悪すぎる。

お金には、意思はない。しかし、ただの〝お金コレクター〟には非情に接する性質がお金にはある。道具として使いつくす人には、適切な役割を果たしてくれるが、単にお金儲けが目的の人には、ときに人生を追い詰めるほどの仕打ちを与えたりする。

逆に、別にお金儲けになんか興味ないという人に、どういうわけか集中して集まったりするので、奇妙なものだ。

非情な中にも、お金は一つの本質を教えてくれる。

ゼロリスクなど、ありえない。どんな儲け話にだって、必ずリスクがセットになっている。不安をできる限り抑えた人生を過ごすのに、大切なのはお金のコレクションではなく、リスク管理と対処法なのだ。

それを、手痛い代償で教わることもある。お金儲けは、リスクを学ぶための反面教師となる、価値ある不要不急の行為の一つなのだ。

リスクをなくした社会には人間がいなくなる

ゼロコロナ社会を目指そう！　と声高に唱えられるようになって久しい。

しかし、前に述べたように、それは理論上、不可能だ。ウイルスは、人類の誕生にかかわり、進化の過程を担っている、自然体系から分離不能な一部だ。そのウイルスを一つ地上から根絶させようなんて、科学的な知識が足りなさすぎる。コロナをなくして安全な社会を取り戻そう！　なんて、無知なゼロリスク症候群の極みだ。

リスクをなくした社会は、人類がいなくなるのと同義だ。ゼロリスクを目指して行動するのは、時間すなわち命のムダ遣いだと、僕は考えている。

リスクを取って、いまこの瞬間の命の価値を最大化させる挑戦に臨むのが、原始の時代から続く人間の本来の姿ではないのか。大風呂敷を広げたいわけではないが、ゼロリスクを求めることは、価値の最大化を放棄した事実上の自死行為に近いと、はっきり指摘されるべきだ。

リスクをゼロにすることはできない。でも、最小限に抑える工夫はできる。僕は大胆に行動するビジネスマンだが、リスク管理は万全に行っている。コロナ禍では除菌・マスクを心がけ、こまめにシャワーを浴びている。もともと知らない人の多い場所には行かないし、感染確率の高そうな場所に出入りすることもない。コロナ感染から遠い生活様式を、以前から続けている。

僕がほかの起業家よりも資金集めが上手だったり、世間的に発言力を持てるようになったのは、リスクを避ける工夫を不断に積み重ねてきたからだ。
やれる対処をやりつくしていれば、最小限のリスクで、不要不急を楽しめるのだ。

「没頭」で不要不急の底力を見せつけろ

信念を貫き通していれば、成功がしびれを切らしてやってくる

2021年7月3日夕刻、僕が出資するインターステラテクノロジズ（IST）社の小型観測ロケット、「ねじのロケット」ことMOMO7号機が、北海道大樹町から打ち上げられた。

17時49分、高度約100㎞上空に到達。IST社では、2019年MOMO3号機以来、2年ぶり2度目の宇宙空間到達を果たした。

これまで発射刻限ギリギリでの打ち上げが続いていたが、天候など不測の事態以外の理由で中止になることなく、予定していたスケジュールの初日に打ち上げられた。

ささいな事情でもストップがかかる打ち上げにおいては、実にすごいことなのだ。

この数年間、技術的に失敗しないような設計と製造、関係各所との運用体制、そしてチームとしての確固たる体制をじっくり構築してきた成果だ。

「MOMO」のネーミングは、到達高度目標の100㎞を漢数字にした、「百《もも》」から取っている。その意味でも、7号機は名称通りのミッションをクリアしてくれた。設計通りに打ち上がり、上空の狙ったポイントまで到達し、着水も決まった。機体の動作だけを見ても、パーフェクトな結果だった。

コロナ感染予防のため、大々的にお客さんを集めることはできなかったが、偶然近場で知り合いたちがサウナランドフェスを開催していたり、今回も大樹町を盛り上げるお手伝いができたと思う。

僕たちの目指しているMOMOの量産・事業化と、超小型衛星打ち上げロケットZEROの開発に、これではずみがついた。しかもMOMO7号機に続き、本書を書いている最中だった7月31日、「TENGAロケット」ことMOMO6号機も宇宙空間の到達に成功した。2機連続打ち上げ成功の快挙をエンジンに、2023年の大きな目標である超小型衛星打ち上げロケット「ZERO」の成功につなげたい。

チャレンジは不可能を可能にする

宇宙事業は、多くの人にとっては別世界。文字通り、不要不急のビジネスだろう。ホリエモンが、なんでロケットにかかわってるの？　と、いまだに言われる。だが、不要不急のチャレンジには人を高ぶらせ、不可能を可能にする力があることを、僕は知っている。

宇宙事業を始めた20年近く前に、航空工学などの専門家ではない素人集団が、北海道に拠点をつくり、自分たちで製造したロケットを宇宙に何度も飛ばせるなんて、マンガの中だけの話だったのではないか？

僕たちは、想像していた夢を、いま「形」にしつつあるのだ。

IST社の仲間たちや、大樹町の人たち、宇宙に関心のある若者たちが見届けたMOMOの高い軌道は、まさしく不可能が可能になった光景だ。それは誰にでも実現できることを、何度だって証明したい。

事業の目指す先は、まだ果てしない。投資家である僕は、今回の成功は一つの記録に留め、スピード感を上げて夢中で取り組んでいく。

ロケットは輸送事業の基幹となる

7号機は、本当は昨年の7月に打ち上げる予定だった。だが、エンジン点火器の不具合で、発射の直前に緊急停止となってしまった。

その後、僕たちは大樹町に本社工場を建設し、約1年をかけてエンジンなどの全面的な改良に取り組んだ。資金調達を重ね、社員も増やした。このご時世で、経営的に攻めすぎではないか？　という意見もあった。

正直に言えば、だいぶ前からＩＳＴの経営状況は楽ではなかった。投資家からの支援をいただきながら、僕も私財を投じ続けている。ビジネスマンとして考えれば、損切りの対象になるかもしれない。それでも、あきらめるわけにはいかないのだ。

宇宙事業は近い将来、間違いなく輸送事業の基幹の一つとなる。コストパフォーマンスのいい衛星打ち上げのビジネスの需要は、高まる一方だからだ。

現状10億円単位の費用がかさむ打ち上げコストを少しでも下げられる、ＩＳＴ社のような民間企業にかかる期待は大きい。海外のロケットベンチャーの会社のいくつかは、時価総額が1000億を超えているほどの活況だ。

今後、IST社で打ち上げ体制が安定していけば、グローバル規模での投資が加速するだろう。ロケットビジネスの分野で、イーロン・マスク率いるSpaceXと競い合うことも夢ではないのだ。

これから僕たちに追いつける競合会社は、国内にはもうないだろう。民間の宇宙ベンチャーのトップランナーとして、「ロケットのスーパーカブ」が日本の空へ、毎日のように飛び立つ社会を、必ず実現してみせる。

遊び

5

「人と会わない」ことに知恵を使うな

コロナ禍は正しい科学リテラシーを養うチャンス

ソーシャルディスタンスが奨励される社会では、いかに人との対面を避け、学業や仕事を続けていくのか？　という試行錯誤が繰り返されている。

大人数の集まる場は持たない。対面の用事はなるべく組まない。オフィスや校舎はごく一部の関係者を除き、人の出入りを自粛する。

そのほか、いろんな場で不要不急の人同士の交流の機会が減らされ、何とかソーシャルディスタンスの目標は満たされているようだ。

テクノロジーの進んだ現代では、人と会わなくてもたいていの用事をすませることができる。買い物はもちろん、ミーティングや商談、面接もリモートで十分こと足りる。恋愛においても、合コンやナンパに繰り出さずとも、マッチングアプリを使った恋人づくりが、若い世代では普通になっているようだ。

人と会わずに、生きていく。選択的引きこもりの人生が薦められる、想定外の時代に、それを可能にする技術的な環境が整っていたのは皮肉な幸運だったと思う。

引きこもりが許される共存社会を目指す

いわゆる「引きこもり」の人生でも、僕は全然いいと思う。会社とか学校とか、似たような思想やマインドで統一されたコミュニティの同質性に、なじめない人はいつでも一定数いる。コミュ障も、一つの立派な個性だ。

日本社会では、コミュニティからドロップアウトしようものなら、「失格」の烙印を押され、権利や挑戦の場が極端に減らされる。同質性にフィットしない人は、不利益を被《こうむ》る構造になっている。そんな理不尽な社会に、無理して加わることはない。

人と会わなくても、オンラインを介した動画編集や事務作業をしたり、絵や文章を発信するなどクリエイティブな行動で生活を支えていく工夫はできる。学校が合わない子どもには、オンライン通信教育の制度も充実してきた。僕が主宰するゼロ高等学院、通称「ゼロ高」は、従来の教育制度にはまらず、好きに行動したい若者に門戸を開いている。興味があれば気軽にアクセスしてほしい。

社会の大切な解決課題は、引きこもりをなくすことではない。マジョリティに沿えなかった人が普通に認められ、生きづらさを抱えずにすむ共存社会づくりだ。

引きこもりたければ、それでいい。人との交流を絶つことで、何かに没頭し、大きな突破を果たすこともありえる。同調圧力の高いコミュニティからの離脱も、「推奨されるべき不要不急」の行動の一つだ。

しかし、「みんなで家に引きこもろう！」と呼びかけ合ういまの社会は、正直どうなのだ？　僕の意見とは違う。引きこもりは自ら選ぶものであっても、強要されるものであってはならない。人と無理にかかわる必要はないけれど、人との距離を遠く保つソーシャルディスタンスに知恵を使うのは、知恵のムダづかいだ。

コロナ感染のリスク減と引き換えに、人との出会いで生まれるポジティブな機会を失う人生に何の価値がある？　「人と会わない」のではなく、「会う選択が許される」

社会でなければ、コロナと共に生きる次のステージへ行くことはできないだろう。

学校の休校に感染を抑える効果はなかった

２０２１年の６月、学習院大学教授の政治学者・福元健太郎氏は「学校の一斉休校にコロナ感染を防ぐ効果はなかった」と発表した。

文部科学省が調査した一部の自治体データをもとに、一斉休校の要請発出がなされた前後の感染者数を分析した結果、休校による感染者数の有意な減少は見られなかった。むしろ、休校した学校の生徒の間で感染者数は増えていたという。

全国一律のデータではないので確実ではないだろうが、一斉休校には何の効果もなかった、という一つのエビデンスが示されたわけだ。大衆受けのいいポピュリズムで僕たちの自由を奪った、東京都知事ほか各地の首長はもっと追及されていい。「人との接触を減らせば感染は抑えられる」なんて、思考停止の極みだ。やれることはいくらでもあるのに、裏づけのない命令で行動を奪った代償はあまりに大きい。

みんなで閉じこもるより先に、正しい科学リテラシーを養うべきだ。

人に巻きこまれる前に巻きこめ

ビジネスでは結局口コミが最強。コロナで人集めに怯えるな

コロナ禍のビジネスで苦労する要素の一つが、人材集めだ。

対面での面接はなかなか難しいし、人からの紹介も、さかんには行えない。JALなど大手企業のいくつかは、2021年度から従業員の新規採用を見送っている。業績の上向きがしばらく期待できない業種では、仕方ない部分もあるだろう。

企業はすでに、多くの死活問題を抱えてしまっている。人集め自体が不要不急とされる現在の風潮は、とりわけ厳しいだろう。成長戦略において、人材確保は資金集めと並ぶか、それ以上に重要なタスクだ。優れた人材が得られれば、事業プランの成功

は半ば保証されたようなものだからだ。

僕が起業した当初から成功を重ねられたのは、国内トップクラスのプログラマーだった小飼弾さんほか、各分野の若き才能をスカウトできたことが大きい。いま手がけている事業でも、ゼロ高顧問の成毛眞さん（元マイクロソフト日本法人社長）や佐渡島庸平さん（コルク代表）など、著名な実業家を顧問に招き好調な運営を実現できている。

インターステラテクノロジズ代表取締役の稲川貴大くんは、東工大の学生時代に大手メーカー・ニコンへの就職が決まっていたが、僕のスカウトにより、ロケット開発の道へ進んだ。彼は能力の高さはもちろん、若いエンジニアたちを引きつける不思議な人望があった。ロケット事業の現在の成功は、彼なくしてありえなかっただろう。

こんな時代だからこそ、人知の力がより見直されている。テクノロジーの知識も大切だが、マンパワーによって打破できる場面は多い。僕もいろんな知り合いのビジネスで、絶体絶命のピンチに追い詰められながら、スタッフの強烈なマンパワーで苦境を覆した例を目の当たりにしてきた。人集めを怠けてはいけない。募集は困難になっているが、SNSの発信やオンラインイベントで、スカウト活動は工夫できるはずだ。

ワクチン開発の驚異的な進展と現在急ピッチで進む接種により、コロナ禍にもわずかではあるが、光が見えつつある。光が広がり、街に笑顔の戻ったそのときに「いいスタッフがいない」のでは、立て直しなど根本的に無理だ。

いまだからこそ、感染予防の方法より、優れた人材をあなたの身の回りに集めてほしい。それが不透明なコロナ禍以降の、重要な生き残り戦略だ。

人を巻きこんでルールチェンジャーになれ

僕より経営の才能があるビジネスマンは少なくないだろうけど、人を巻きこむ熱意は誰にも負けない。「欲しい」と思えば必死で口説き倒し、スタート時はお金が少なくても事業拡大に必要なら、人をどんどん増やす。「うちで一緒に働いてくれない?」という呼びかけは年中、行っている。緊急事態宣言下でも変わりない。

厳しい時代に推進力となるのは、他人を巻きこむ力だ。ゆめゆめ、受け身になってはいけない。巻きこまれる意識でいると、自粛ムードなど根拠はないのに、強制力のやたら高い圧力に抗えず、時間とやる気を搾取されるだけだ。

人を巻きこみ、ルールを変える側に立とう! 僕の知り合いで成功している人は、みんな図々しいくらい周囲を巻きこみ、独自のルールで大きなビジネスを回している。最近とりわけインパクトのあった成功例は、絵本作家で芸人の西野亮廣くんだろう。自身が原作を手がけた『えんとつ町のプペル』が、出版だけでなく映画でも社会現象を起こしたのは、みんな記憶に新しいはずだ。

2021年の日本アカデミー賞・優秀アニメーション作品賞を受け、観客動員数150万人、興行収入20億円以上を記録した。マンガ原作ではない長編作品では、アニメ史に残る快挙だ。国内のみならず、海外の映画祭でも続々上映されている。

成功を支えたのは、もちろん作品の完成度もあるが、西野くんのオンラインサロンのメンバーによる地道な広報・宣伝活動が大きい。誰に強制されるでもなく、数万人の会員たちが全国各地で劇場に足を運び、作品の面白さを広く発信した。映画にヒットの法則はないと言われるが、結局のところ、口コミの力は最強なのだ。

『えんとつ町のプペル』は、西野くんの他人を魅了し、巻きこむ力が存分に発揮された成功例といえる。次回作以降で、ディズニーを倒す！という壮大なゲームを、彼はクリアしてしまうかもしれない。

他人を巻きこむ力が連鎖していけば、揺るぎなかった常識もいつか覆せるのだ。

遠くへ行けないなら、近くを掘り返せ

いまこそ、地方都市のポテンシャルを一人占めしろ

2020年の春を最後に、海外に出ていない。1年以上パスポートを使った旅をしていないのは、20代で海外旅行に出て以来初めてだ。それまではビジネスや遊びで、多いときは毎週海外へ飛んでいた。現在でも行こうと思えば行けなくはないけれど、隔離期間など感染対策ルールが厳しく、行動を縛られる。自由に動けないのなら、海外に行ってもつまらない。ワクチン接種が進むのを待つしかない。

海外に行けない代わりというわけではないが、国内の地方出張を、毎日のように繰り返している。コロナ禍の前から、本州以外にも足しげく出向いていたけれど、せっ

かくの機会なので、日本の地方の再発掘に力を入れている。

僕は2018年に、時間を節約するための移動手段として、ホンダジェットをシェアで購入した。プライベートジェット機を買ったことで、国内移動のスピードは格段に上がった。午後に函館でゴルフした後、札幌で晩ご飯を食べることもできる。車なら4時間かかるが、飛行機なら20分だ。国内なら、だいたいの地方空港の間を、タクシーとさほど変わらない使い方で利用できる。本当に便利だ。

ホンダジェットのおかげで北は北海道、南は沖縄まで、散歩の足を延ばすような感覚で訪れ、魅力を再発見できている。

利権構造がないから外資の流入が進んだ

近年、急速に価値を上げている地方の一つが、北海道のニセコだ。スノーボードを楽しむのに、1シーズンで何回も行っている。とにかく雪質が素晴らしい。世界でも屈指のパウダースノーを楽しめる雪質の良さが、海外のスキーヤーたちに知られたのが20年ほど前。平地に上質な粉雪が積もるニセコは、世界でも極めてレアな場所らしい。やがて、世界に知られるスキーリゾート地へと発展していった。

外国人の移住や外資系の投資が進み、ニセコの地価は高騰した。2016年には標準地の地価公示値上がり率が19・7%を記録した。これは当時の全国トップだ。

かつてニセコは、北海道の中でも打ち棄てられていた「陸の孤島」だった。そのため地元の利権構造とは無関係で、海外からの投資がスムーズに参入できたのだ。パークハイアットニセコなど、海外富裕層向けの設備も増えた。寂れていたからこそ再興のチャンスをとらえられた、痛快な例だろう。

街にはスキーシーズン以外にも、海外のお金持ちが集まるようになり、近年は面白い人たちが交流を深める、東アジアの新しいサロン的な役割も果たしている。コロナ禍で外国人たちはぱったりと途絶えてしまったが、広いゲレンデを独占して、パウダースノーを好き放題に楽しめるチャンスといえる。ニセコへスキーに出かけSNSで発信すれば、世界のスキー愛好家がフォローしてくれる可能性がある。

いずれ、外国人客は戻ってくる。不要不急が避けられているいまこそ、世界に見つけられた地方都市の魅力を、体感してみる好機だろう。

地方に眠っている大きなポテンシャル

ニセコ以外にも、世界に向けてアピールできる地方の観光都市は少なくない。徳島の阿波踊りや、九州の五島列島のリゾート開発、宮古島のダイビングなど、地方に昔から続いている観光業が、広く海外で知られ関心を集めている。

中でも、グルメの力は見逃せない。肉に魚に野菜、寿司に鍋にラーメン……。日本ほど、都会だけでなく全国各地にうなるほど美味しい名産グルメが存在している国は、めったにない。世界中を旅した僕が言うのだから間違いない。先述した「小麦の奴隷」や、長野県東御市八重原で田植えから製造した純米大吟醸「想定外」「想定内」など、グルメの力を活かした地方発信のビジネスを、僕らも手がけている。

まだまだ地方には、ポテンシャルが眠っていると感じる。ニセコのように埃をかぶっているだけで、適切な手入れと投資を行えば、成長を遂げる都市はいくつもある。

僕たちの宇宙事業が根づいたことで、「ロケットの町」として全国区の知名度を得た、北海道の大樹町も成功例だ。辺鄙《へんぴ》な地方の町ではいまこそ、不要不急に求められるヒットの法則が、発掘されるのを待っている。

一流のフィールドプレイを中から動かせ

↓「中の人」になる感動は観客のそれをはるかに上回る

2０１５年から、僕はＪリーグのアドバイザーに就任した。以来、試合観戦にたびたび通い、ホリエモンチャンネルの収録も併せて、全国のＪリーグチームを訪ねて回っている。

中でも、サッカー日本代表の元監督・岡田武史さんが経営に携わる愛媛県の「ＦＣ今治」は、印象深いチームだ。僕が訪れたときはまだ下位リーグであるＪＦＬに属していた。現在は岡田さんの指揮のもと、ＦＣ今治はＪ３に上がり、さらに上を目指している。

岡田さんは規模の小さいうちからチームづくりにかかわり、いつかJリーグのトップに立つというビジョンを描いていた。強いチームに加わるのではなく、一番低いところから、自分たちの力で頂点へ挑む。そのコンセプトには強く感銘を受けた。

サッカーでのジャイアントキリングは、夢物語ではない。

海外ではドイツの「TSG1899ホッフェンハイム」というチームが8部リーグから、ブンデスリーガの1部への昇格劇を実現している。

成功のきっかけは、ホッフェンハイムの元メンバーだった、会計ソフトウェア「SAP」の創始者ディートマー・ホップの支援だ。個人資産1兆円とも言われるホップの資金援助により、有望な若手選手を中心にしたチーム補強が進んだ。草サッカーレベルだったチームが、時間をかけて地力をつけ、やがてFCバイエルン・ミュンヘンなど強豪チームと互角に戦えるようになった。爽快なストーリーだ。

僕もゼロからサッカーチームを立ち上げ、昇格制度を勝ち上がり、いつかトップと戦う成功体験を味わってみたいと思った。そして2020年、音楽事務所を経営していたサッカー好きの知人と、クラブチームをつくった。東京都社会人リーグ4部に属する「TOKYO2020 FC」だ。

チーム名の由来は、もともとのオリンピックイヤーだった2020から取っている。コロナ禍のせいで悪い意味でのメモリアルになってしまったが、多くの人たちに覚えてもらえるのは間違いなさそうだ。

トップへの昇格への道のりは、並大抵ではない。J1から数え始めると、リーグは10部も離れている。最短で昇格しても、トップまで10年かかるわけだ。でも僕は前向きに、最低でも9年間は昇格のドキドキを楽しめるととらえている。

この先には、トップチームの要件を満たせるスタジアムを確保しなければいけないとか、大変な仕事が待っている。それでも、興奮が上回る。東京都心にスタジアムを建造し、自分のチームがJ1で戦うなんて、なんて胸躍る未来だろう。

「TOKYO2020 FC」は昇格決定戦に勝利し、来年から3部でプレーできることに決まった。東京で活躍する本格的なクラブチームづくりの第一歩は、たしかに踏み出せた。たくさんの応援を集められるよう、これから頑張っていく。サッカーに少しでも興味がある人は、チェックしてみてほしい。

1か月ほどのスピードでプロ球団を設立

僕は今年、プロ野球チームもつくった。発足したばかりの九州アジアプロ野球リーグに、新球団「福岡北九州フェニックス」を設立、参入を果たしたのだ。

少し前に熊本県「火の国サラマンダーズ」の代表・神田康範さんから独立リーグ設立の話を聞いた。そこでHIUのメンバーで、新しいチームを運営できるんじゃないか？　と思い立ったのだ。

すでに僕は、東日本を中心にした独立リーグ・ルートインBCリーグの「埼玉武蔵ヒートベアーズ」のアドバイザーにも就任していた。かつてプロ野球チームの経営に乗り出したように、野球ビジネスへの思いは、どの起業家よりも深いと自負している。これからは独立リーグで地域活性を促し、いまよりもっとベースボールのエンターテイメント化を本気で進めたいと考えていたのだ。

「福岡北九州フェニックス」の構想は、1月からHIUの中で議論が始まった。

最も行動の早かったメンバーの槇原淳展くんが、先頭に立ってプロジェクトを引っ張り、球団設立は正式にまとまった。そして彼が初代の球団GMに就き、九州に居を移し、運営を始めている。

1か月ほどのスピード感で球団設立をやりとげたH I Uメンバーの実行力は、さすがだと思う。だが独立リーグだからといって、短期間で撤退しては意味がない。これから資金を集め、運営を安定化させたい。ゆくゆくはN P Bに戦力を輩出したり、逆にN P Bを退いた選手たちの受け皿になればいいと思う。

プロスポーツは観戦も楽しいが、運営側になる面白さは格別だ。

スポーツ観戦は不要不急の趣味かもしれないが、無条件で心を奮わせ、人を動かす魅力がある。自粛下であろうと、この力は奪われない。

「『中の人』になる!」という若者の意欲と挑戦は、誰にも止められないのだ。

「太陽を盗んだ男」のように挑め

理不尽な令和版「ダルマさんが転んだ」を徹底攻略せよ

「不要不急のときでも行動せよ！」と、本書では何度も説いている。

困難な状況でも、できることはあるはずだ。「自粛ムードに縛られて動けない」というのは分別のある選択などでなく、自分で考える責任から逃げた思考停止だ。

行動するかどうかを決めるのは、世間の空気ではない。自分自身だ。どんな緊急事態下であろうと思考の自由は奪われないし、やりたいことをやる行動だって認められている。「動くな」と言われたときに、どう動くか？　僕たちは知恵を問われている。

この問いに答えをもって動けない人が、コロナ後を生き残れるはずがないだろう。

行動を促すメッセージを発信するとき、僕はいつも、ある男の姿を思いだす。映画「太陽を盗んだ男」（1979年公開）の主人公・城戸誠だ。

この映画を初めて見たのは、小学校6年生のころ。お正月、実家の部屋のテレビで、ぼんやり深夜放送を観ていた。すると、たまたま「太陽を盗んだ男」が始まったのだ。主役の中学教師・城戸は当時、ソロボーカリストで飛ぶ鳥を落とす勢いだった、ジュリーこと沢田研二。脇を固める共演陣は、菅原文太や池上季実子など実力派。重要なシーンに水谷豊や西田敏行も出演する、超豪華メンバーの映画だった。

アイドル級のスターぞろいの作品だが、題材は硬派な問題作といえる。

城戸はうだつの上がらない、典型的な〝しらけ世代〟の若者だった。しかし社会に不満を持っており、単身で原子力発電所に潜入。プルトニウムを盗み出し、自室で核爆弾を自作してしまう。それを盾に彼は「9番」を名乗り、日本政府を脅しながら、ラジオなどのマスメディアをジャック。ローリング・ストーンズの日本公演を仕掛けるなど、社会を混乱に陥れる。派手なカーチェイスや、警察との緊迫の追跡劇を展開するも、ラストは凄絶な破滅へと向かっていく。

もし、一個人が原爆を「ハンドメイド」できたらどうするか？　重罪ではあるけれど、技術的には不可能ではない。国家を破滅させる凶器を持つ個人が既成概念を壊し、新たな社会像を創造していく過程を描いた思考実験として、面白い作品だった。

成功者はそもそもバランス感覚が欠如している

「9番」は社会で憎まれる一方、ラジオパーソナリティの女性DJほか、熱狂的な支持者を得る。反倫理的なのは論外だが、大きなリスクをとって行動した若者は、味方がつき、社会の古い規範を動かすことができることを証明している。

「9番」の行いは、糾弾されるのは当然だ。けれど怖いもの知らずで行動し、国家転覆まで成し遂げかけた彼の野性的なチャレンジには、不要不急を封じられる時代にも多くの示唆を感じる。誤解されてはいけないが、僕は違法行為を奨励していない。法を破ってでも、好きなことをしろ！　とは、決して言わない。法律など、正しく制定されたルールには、誰でも粛々と従うべきだ。

だが、既成のルールは、方法次第でハッキングできる。社会を突き動かす行動は、誰にでも可能なのだ、と言いたい。社会情勢は、恐るべきスピードで変わるのだ。

これまで信じられてきた既成概念や常識に従って生きていれば、安全かというと逆だ。自分の頭で考え、いまこの瞬間に全力集中し、行動しなければ、それこそ「9番」のスタイルで動き出している勢力の餌食となるだろう。

リスクを恐れながら前進はできない。バランスは、壊れたままで結構だ！　ストッパーを外して、幼児のように動きだそう。

僕の周りの成功している実業家やクリエイターは、3歳児がそのまま大人になったような行動力を持つ人が多い。作詞家の秋元康さんや脳科学者の茂木健一郎さん、芸人・作家の西野亮廣くんなど、普通の人たちが「理解できない」と驚くほど、頭を動かす前に手足を動かしまくっている。体力の温存とか、あまり考えていないように見える。いい意味で、バランス感覚が壊れているのだ。

大人の分別とかコンプライアンスとか、守ってもいいことなんか何もない！　法律に触れさえしなければ何をしてもいいとまでは言わないが、バランスを整えずに走り出して、捕まったりはしない。

ケガを怖がらない、全身でぶつかる子どものように生きよう！　そうすれば、バランス重視の生き方よりも、はるかに低リスクで、大きな成功が拓けるはずだ。

村八分にされても学びを止めるな

学び歴をアップデートしない者から絶滅していく

コロナ禍で海外旅行ができない中、国内の再発見に努めていると述べた。地方都市の特色と魅力はそれぞれで、本当に面白いのだが、飲食店を巡るのには苦労する。本書を書いている時点では時短要請がまだ厳しく、夜に空いているお店を探すのが難しい。経営がたちゆかないから、勇気をもって夜遅くまで開けている店も少ないながらあるけれど、地元周辺からの「要請に従えよ!」「自分の店の利益ばかり考えるな!」という圧力は、都心の何倍もすさまじいようだ。

また、地方に行けば行くほど、感染者の多い都会からの来訪者の風当たりは強い。

店によっては普通に「東京からのお客さんお断り」の張り紙がされているという。

中には移住してしばらく経つというのに、前に都内に住んでいたというだけで入店を拒否された例もあるらしい。現代のテクノロジー社会で、一般人がウイルス本体扱いされる、江戸時代のような「風評社会」が再現されるとは信じがたい事態だ。

僕が言うまでもなく、地方のみんなが本当に恐れているのは、コロナウイルスの感染ではないだろう。のけ者、嫌われ者になることだ。もし感染したら、地元のコミュニティで厳しく責められる。感染が疑われる人と接触しただけでも同じだ。狭い村社会で「あいつは未知のウイルスに感染した!」という噂は、凶悪事件の有罪判決に等しい。村をあげて、住んでいる場所から追い出そうとするか、孤立させるだろう。

地方では病気そのものより、村八分の方が何倍もダメージが強いのだ。不要不急を避けてください、という自治体からの要請は、「好きに移動したり、移動した人を受け入れたら、村八分にされますよ」という、脅しにほかならない。

大人の科学リテラシーの足りなさが根本的問題

2020年からは、お盆・年末年始シーズンに地方への帰省を控えるようにという要請も出た。僕は故郷に帰省しようと思ったこともないので全然いいのだが、毎年帰省している人にしてみれば、地元の親や友人に顔を見せられなくて憂鬱だろう。リモートでも顔は見られるが、やはりリアルのぬくもりには代えられないのだ。

それにしても、感染拡大の土地に住んでいる人が、違う地方の人から「ばい菌」のように扱われるのは、いったいなぜだろう? 東日本大震災のときにも、同じ現象が起きていた。他者監視が得意な日本人の心性など、詳しく論じるとキリがなさそうだが、結局は国民全体の科学リテラシーの不足だろう。

2021年の夏からは、国民へのワクチン接種が本格的に始まった。しかし、やはりここでも「ワクチンはリスクがゼロではない」「自分は打ちません」という「コロナ脳」の人が、少なからず存在している。

バカバカしすぎて、ため息が出そうだ。自分たちの科学リテラシー不足を棚に上げ、恐怖にとらわれ、社会全体の最適化に抵抗するなんて、どうかしている。

こんな短期間で人類の叡智が集まり、大規模メッセンジャーRNA(mRNA)ワクチンの接種が実現したのだ。日本史では初めての医療成果だろう。公衆衛生上のエポックメイキングな出来事なのに、知識の足りない人たちの身勝手が水を差している。勉強しない人ばかりだなぁ……と呆れる。そして、いなくならないどころか、一定の発言力を持ち続ける。これではコロナが明けるなんて、先のまた先の話だ。

何度も著書で説いているように、本当の意味で恐怖を取り払うのは、正しい知識と情報だ。風評や噂話にふりまわされているうちは、「感染したらどうしよう」「嫌われたらどうしよう」という幻想に、怯え続ける。その不自由は、コロナ感染よりも、怖いことではないだろうか。

大人のリテラシー不足による感情丸出しの言動は、日本社会の解決すべき問題の一つだ。以前から問題化していたと思うが、コロナ禍でより鮮明になった。

いい大学を出ても、それ以降の学び歴がほとんどない大人は、能力が退化する一方だ。好奇心をなくさず、行動と実践を重ねた、本質的な学び歴を更新していかなければ、コロナ禍のような緊急の情勢では、正しい判断をすることができない。

不要不急を遠ざける前に、自分の知識はいまの大変な社会に対応できているのか？自問しよう。もし何も問題ない、大丈夫！と思ったら、すでに危ない。

「ハマって飽きる」を繰り返せ

「好きなことだけでは生きていけない」は大ウソ

数えきれないほど多くのビジネスを、同時に推し進めている。中には進捗の芳しくない事業もあるけれど、あきらめずに取り組んでいる。続けているうちに、あの手はどうだ？　こうしたらさらに良くなるかも！　と、別の方向性がつかめる。

この生活に疲れることはない。たくさん行動すればするほど面白いことが増え、あれもやりたい、これもやりたいという好奇心が湧いてくるからだ。

しかし僕は生来、飽きっぽい性格でもある。ゲームも麻雀も、学生時代に夢中になった。大学時代は競馬に没頭して、ついには本物の馬主にまでなってしまった。

しかし、若いときにハマった遊びの多くは、いまはほとんどやっていない。楽しみの頂点まで、やりつくしたからだ。飛びついた遊びには、不眠不休で何日もやり続け、楽しみを極めきる。そこまでやるのかと周りに呆れられるほど、遊びたおす。中途半端じゃないからこそ、飽きるタイミングが来たら降りるのは早い。そのときにはもう別の遊びに重心が移っていて、がむしゃらにライドしていくのだ。

ビジネスも遊びも、同じだ。飽きるというよりは、やり倒していると、もっと面白いものが次々に見つかる！　という感覚だ。一つに集中しないで、いろいろ乗り換え続けていると、大した成果は出ないんじゃないですか？　と意見されることもある。まったくわかっていない。「ハマりと飽き」が常時接続しているような、間断ない運動を続けていると、予想外のイノベーションが起きるのだ。

世界戦略が成功しているWAGYUMAFIAや、グルメを掛け合わせたミュージカル「クリスマスキャロル」、予防医療事業や宇宙事業も、みんな最初は、情報感度の高い仲間たちとたくさん遊んでいる中で生まれたビジネスだ。

ホリエモンがなんでそんな事業をしてるの？　と、批判や皮肉の声も少なくない。わかってもらえないなぁ、と思う。世間に首をかしげられるようなビジネスを成功させることで、社会に新たな気づきを生み出したいのだ。

僕は僕だけの利益では、行動しない。僕らの動き出しによって、同調圧力に縛られている人たちの価値観をバージョンアップさせたいのだ。

不要不急と言われることを、飽きるまでやりつくす。コロナ禍を理由に、途中でやめてしまってはいけない。僕たちは、自粛を求められてはいるが、「じっと寝ていろ」と言われたわけではない。遊びたいときに遊べる、当たり前の権利を使いきろう。

好きだけで仕事している人がうまくいく

世の中を見渡せば、趣味や娯楽で暮らしている人は大勢いる。ゲームが好きで、やりこんでいるうちに、ゲーム実況者のプロになった人がいるし、キャラ弁当づくりが得意で、SNS発信からキャラ弁のレクチャーが仕事になった人もいる。

ナンパのオンラインサロンや、マンガ制作のノウハウ動画で稼いでいる人など、遊びがきっかけでお金を得られるようになった人はいくらでも挙げられる。

学校の教師も、ビジネスコンサルタントも似ている。子どもに勉強を教えるのが好きだったり、ビジネスの知識を人にコンサルするのが好きだったり、もともとは遊びの感覚が、スキルの原点だ。アスリートも建築家も音楽家も、みんなそうだろう。

大人の多くは、仕事は〝好き〟だけではやっていけないと説く。しかし現実的には、好きだけでやっている人が、だいたいうまくいっているのではないか？

遊びの成分がゼロの仕事をやっていて、成績が伸びるわけがない。遊びのマインドで臨むからこそ、成果は上がるし、社会貢献にもつながるのだ。

ＡＩの発達により、遊んでいるだけで暮らせる社会は近く必ず到来すると、たびたび論じている。労働者たちが機械を打ち壊した「ラッダイト運動」に、安易に乗じてはダメだ。テクノロジーの側は、人類を排除しようとしているわけではない。ＡＩは労働の手間を引き受け、人間には人間にだけ楽しめる遊びに時間を割いてもらい、文明をアップデートするパートナーシップを期待している。

ふわっとした未来を語るつもりはない。遊びがビジネスを創る現実を理解できない人はいち早く仕事を奪われる。それは明確に伝えておきたいのだ。最終章で、ゼロ高生でＨＩＵメンバーの齊藤くんが「謎解き×ロゲイニング」ビジネスを語っている。コロナ禍の地方創生のヒントが詰まった、遊び発信のビジネスだ。注目してほしい。

東京五輪の無観客開催から学べ

感情に惑わされ戦う相手を間違えるのは「思うツボ」

本稿を書いている今日で、東京オリンピック閉会から1週間がたつ。

開催直前でアルコールの解禁がNGになり、首都圏での無観客開催が決まり、そして中止論も喧《かまびす》しかったが、無事に開会式を迎え、日本選手の活躍に湧いた。結果的には、「成功」と呼べる内容になったと思う。

ここで少し、五輪前の状況を思い出してみてもらいたい。

世の中は「オリンピック開催に賛成です」という意見が、ひどく言いづらい空気になっていた。開催中止！ 感染拡大の温床だ！ の声が鳴り止まなかった。

代表に選ばれたアスリートたちが、本当にかわいそうだ。中には「発言をしない代表選手は卑怯だ」などと、具体的に選手をつるし上げるような意見も挙がっていた。白血病から見事代表復帰を遂げた池江璃花子選手ですらバッシングに遭ったのだから、反対派の苛烈さは相当なものだ。選手たちは気の毒でしかない。

そもそもの話、東京オリンピックなんて、過半数の人には「どうでもいい案件」だったはずだ。石原慎太郎都知事時代に誘致活動が始まった当時から、支持率はいま一つだった。IOC総会で開催地に選ばれ、一時は盛り上がったけれど、元都知事の猪瀬直樹さんの不祥事や、電通の不正招致疑惑など、ネガティブな報道で勢いは急落。昨今のコロナ禍が決定打となり、「どうでもいい案件」が「絶対反対案件」に、移行してしまった。

すべてのタイミングが、悪い方に出てしまった感がある。現時点では「国家レベルの不要不急」として、東京オリンピックがやり玉に挙げられていた印象だ。

だが……みんな責めるポイント、間違えてない？　と僕は思う。

新型コロナウイルス対策のために、理不尽な自粛を強いられ、心身ともにくたびれ果てている。そのストレスのぶつけ先がないから、とりあえず東京オリンピックにぶつけているだけではないか？　東京オリンピックの中止を唱えれば、思慮のあるインテリアピールもできる。少し前のＢＬＭ運動とか検察庁法改正案の反対運動に通じる、ファッション的発信のように感じる。

世の流れというものは、声の大小よりも、「格好よく見えるかどうか」で、決まりやすい。もう絶対に開催することは決まっているのに、選手たちのメンタルを傷つけるほどに、開催中止！　を叫ぶ勢力を見ていると、あらためて思う。

感情論は、本当に恐ろしい。本質的な問題が見えなくなるので、正しい思慮と情報にもとづいた冷静な思考を大切にしてほしい。

もとを正せば悪いのは東京オリンピックではなく、無理筋の自粛要請のはずだ。感染力の異様に高いウイルスをゼロに封じこめるなんて、海外からの往来を止めても不可能だ。唯一の有効対処策は、死亡者数を医療崩壊しない程度に抑え、ワクチン普及まで耐えぬくこと。医師会の反対や現場の抵抗に負け、選挙対策ばかり優先したあげく、十分な医療リソースを確保できなかった行政が一番悪いのだ。

飲食業など特定の業界ばかりしめつけ、補償の制度設計が遅れまくり、経済被害は広がった。行政の手落ちによって事態が悪化した事実は、歪めてはならない。

叩くなら正々堂々、政治を、政治家を叩くべきだ。叩きやすい東京オリンピックを狙うのは卑怯だ。まして反論できない立場のアスリートを責めるなんて、言語道断だ。

僕は以前から公言している通り、東京オリンピックは賛成派だった。ポジショントークではなく、シンプルにお祭りが大好きだからだ。自分の生まれた国で行われる世界最大のお祭りを、許されるならこの目で見てみたいと思う。

開催中止派は感染拡大を一番に恐れているようだが、すでに国内ではプロ野球ほか、多くのプロスポーツが大観衆の中で開催されていることを知らないのだろうか。

また、東京オリンピックは、選手と関係者に新型コロナウイルスワクチンの接種を義務づけた。むしろワクチンをまだ接種していない国内のスポーツリーグの開催より安全だったのではないか？　来日する外国人も厳しく制限されていたので、予防対策はとりやすかった。あらゆる面で、安全性の担保できる大会だったはずだ。

東京オリンピックの最大の目的は、ビッグマネーではない。スポーツ振興をはかり、日本人の健康寿命を伸ばすことだ。身近な日本人の活躍により国民に身体を動かすインセンティブを提供するのが、東京オリンピックの主眼なのだ。開催中止！　を叫んでいた人も、いまごろはこっそりジョギングを始めているのではないか？

6 学び

STAY HOMEで資格の勉強などするな

ただひたすらに遊びに没頭する勇気

自粛要請によって、多くの社会人の生活に、自由な時間がぽっかりと空いた。

移動や会議など、ムダに埋めるだけのスケジュールがなくなり、いかに自分たちが毎日くだらないことで時間をすりつぶしていたか、気づいたことだろう。

みんな空いた時間を使って、趣味や家族サービス、近場の旅行などを楽しんでいると思う。自分のやりたいことのために時間を使う当たり前の人生を、少しずつではあるけれど取り戻しかけている。たびたび言うが、コロナ禍も悪いことばかりではなかった。

一方で、空いた時間を利用して、資格の勉強に勤しんでいる人が少なからずいる。「ヒマができたらいつか読もう」と思っていた資格関連の参考書や資料を、巣ごもりの機会に読みこみ、オンライン講座などを申しこんでいるという。

向学心が高いのは、良いことだと思うが……何だか、もやる気持ちがある。「いま」資格のための勉強って、意味ある？ それって会議や移動で時間を奪われていたコロナ前と、変わらなくね？

「創造的休暇」という考え方は、たしかにある。ヨーロッパでペストが大流行していた1600年代後半、ケンブリッジ大学に通っていた学生ニュートンは、現代のように学校が封鎖されてしまったため、郊外の実家に戻っていた。まさに、家からほとんど出られない「ＳＴＡＹ　ＨＯＭＥ」を強いられた。その間、1年半。長くて退屈だったが、時間をすべて独学と思索に費やし、ニュートンの3大業績といわれる「力学理論と万有引力の法則」「流率法」「光学理論」の原型となる理論を確立した。この休暇時代を彼は、創造的休暇と名づけた。

「ＳＴＡＹ　ＨＯＭＥ」は、ときに偉大な発明のゆりかごとなるのだ。ニュートンは、不要不急が禁じられる窮屈な情勢を逆に利用して突破を果たした先駆者といえる。

学びを深めるには、行動せず、ひたすら休んで頭を動かす。そんな創造的休暇を実践するつもりで、学びを進めるのも間違ってはいないだろう。

ただ、やっぱり資格を取ることが目的で学ぶのは、時間のムダだと思う。

勉強が好きでしょうがないというならいいけれど、資格なんてどう考えても、テクノロジーが進んでいく今後の人生には役に立たない。そもそも、コロナ禍で空いたくらいの時間で取れるような資格の需要なんて、たかが知れている。

空いた時間を将来への投資に使いたいなら、好きなことだけ選んでやれ！ と言いたい。ニュートンだって、学者として名を成したいのではなく、好きなことを自分なりに独学・研究していたら偶然、新理論が頭の中に降ってきたのだ。

ニュートンクラスの大発見は難しくても、人生にイノベーションを起こすのは、利害なんかに囚われない行動を伴った好奇心だ。

好きなことだけで生きられるのに、どうして資格？

資格が欲しいのは、「資格を持つと仕事の保険がきく」というパターンに、自分をあてはめて安心したいのだろう。要は不安から逃れたいのだ。

いまの生活では、他人の采配で、好機や収入を減らされるかもしれないと怯えている。自分の手を動かし、自力で生きている実感と自信に満たされていれば、不安など感じないはずだ。

昔は、まともな仕事に就くためには、最低限の読み・書き・算盤《そろばん》が必須だと言われた。現代はどうだろう。算盤は当然、必要ないし、字が読めて日本語が喋れれば、さほど仕事に支障はないのではないか。字が読めなかったり、喋れない人だって、きちんと仕事に就けるよう、社会の制度も整っている。

好きなこと、得意なことだけを突き詰めて、ぜんぜん普通に食べていける社会なのに、なぜ資格なんかにこだわるの？　と、不思議でならない。

創造的休暇よりも、遊戯的休暇を楽しもう！　学びと遊びは、同じなのだ。遊べば遊んだ分だけ、経験という財産になる。

それでも資格を取りたいというなら、否定はしない。行政書士や司法書士など、法律系の資格は分野によっては必要とされるので、取っておいても「損」はない。

ただ、学べば学ぶほど、気づくはずだ。時間投資のリターンは、勉強よりも遊びの方が断然、高い！　苦労して取った難しい資格より、仲間とのフィールドワークや、Ｚｏｏｍ合コンで若い女の子たちから教わる流行の方が、これからははるかにビジネスチャンスにつながるのだ。

母国語以外の情報チャンネルを持て

外国語を臆せず活用すれば、自然と未来は見えてくる

「STAY HOME」が要請されるいま、空いている時間で英語学習に取り組む人も多い。コロナ禍にあって、オンラインの英会話講座ビジネスは好調な分野の一つらしい。英会話マニュアルの本も、以前より売れていると聞く。

どのレベルの語学力を目指すかは人それぞれだろうけれど、「外国人とスムーズに話せる」ことが、一般的な理想ではないか。ならば英会話教室や英会話本などは、必要ない。英語圏の外国人と仲良くなって、その人とずっと喋っていればいいと思う。ベストは英語だけしか話せない環境に、身を置くことだ。

以前は海外へ行くのは容易だったが、現状では残念ながら難しい。けれど少しずつ、海外への渡航禁止は解かれている。間もなく「英語漬け」の暮らしのできる、海外滞在の自由な環境が取り戻せるだろう。

僕は大学受験での英語勉強だけで、英語を専門的に学んだことはない。でも、英語力で不自由を感じたことはない。20代から海外事業を手がけていた関係で、ビジネス英語を使う機会が多く、自然に英語の基礎は鍛えられた。英語圏の著名人との対談やトークイベントも、専門的な内容でなければ、通訳なしで会話できる。

近年で一番英語を鍛えられたのは、WAGYUMAFIAの海外でのポップアップイベントだ。イベント中はキッチンに立ち、現地のシェフたちと英語で意見交換をしている。細かいニュアンスや、伝達事項を瞬時に共有しなくてはいけないため、語彙は増えたし、相当スピーチ力は伸びたと思う。

ぼんやりと英語がうまくなりたい！　くらいの動機では、基礎的な能力はあまり磨かれない。話さなくてはいけない環境に身を置き、「英語でこう伝えたい」という明確なイメージを持って、コミュニケーションの経験値を積むことが大事だ。

いつから始めても大丈夫だ。僕だって、40代になってからもビジネスで英語を使う機会を増やし、どんどん上達している。昔、駅前の英会話スクールで一生懸命英語を勉強している知り合いがいたけれど、僕の方がはるかにうまかった。でも、下手だって問題ない。学びたい気持ちと、そのための具体的な行動が重要なのだ。

中には異性との出会いを求めて、英会話スクールに通いたいと考える人もいるだろう。不純で結構！　英語を学んで気になる人とも仲良くなれるなんて、最高ではないか。英会話の外国人講師と、恋人になってしまうようなバイタリティを発揮する人が、ビジネスでも勝てるのである。

一番いけないのは「英語なんて不要不急」「自分には、いまさら無理」とあきらめることだ。学ぼうともせず、動き出そうともしない。そういう人は日本語が堪能だとしても、今後の日本社会では、不要とされていくだろう。

日本語は世界の情報社会では「後回し」

英語を学ぶ有用性は、いくつも挙げられる。まずは情報収集のスピードアップだ。日本語は世界の市場の中で、優先順位は高くない。日本語学習者も年々、減少傾向にあるという。つまり日本語にくるまれて生活していると、情報の受け手としては1番手の英語から、だいぶ「後回し」に固定されている状態なのだ。

あなたが目にする世界のニュースは、経済状況も要人の動静も、日本語に翻訳されている時点でだいぶ古くなっている。言うまでもなく、情報は早獲りが最も価値が高い。「後回し」にされた情報を浴びていると、不利益と思考の劣化を招くだろう。

英語で「TIME」や「ウォールストリートジャーナル」を読めた方が、情報社会では先行できる。海外との契約書を交わす場面でも、基本的な内容が理解できるのと丸ごと通訳任せにするのでは、ビジネスの質が大きく変わってくる。日本では、英語が自由に使える人がまだ少数派なので、働き手としての価値もまだ保てる。

実利的にいいことばかりだが、何より違う言語の思考形態を持つことで、見える景色が変わってくる。不要不急が禁じられ、不条理が容認される現代において、違う景色の見える適応力は何よりも信頼できる。違う景色とは、すなわち未来だ。

未来が見えてくれば、情報化がどれだけ進もうと、あらゆる局面で勝てる。

英語を学び、多数の情報チャンネルを持とう! そうすれば、人生の勝率は上げられるのだ。

ウイルスよりも糖尿病を予防しろ

正しい知識による行動変容が最大の特効薬

2016年に仲間たちと一般社団法人「予防医療普及協会」を立ち上げ、予防医療事業に、真剣に取り組んでいる。中でも力を入れているのが、糖尿病予防だ。よく知られているように糖尿病の罹患者は多く、心疾患、胃がんなどと並び、国民病と呼ばれている。いま、日本人のが糖尿病患者もしくは患者予備軍は、それぞれ約1000万人という。つまり、日本人の5人に1人が糖尿病予備軍なのだ。

糖尿病は、合併症が出るまで自覚症状が少ないまま進行していく〝サイレントキラー〟だ。わかったときはもう手遅れ、という場合が多い。血流障害による壊疽などの合併症で足を切断する人は年間1万人、失明する人は3000人もいるそうだ。

不要不急が禁じられた自粛生活の中では過食・運動不足・ストレスが重なり、病態が悪化する人が増えている。具合が悪いのに、病院はコロナ対応で診察が滞っていたり、患者の方は医者に行くのを避けていたりする。気づいたら合併症が進んでしまった、という悲劇の例は、あなたの身近でも聞いているかもしれない。

日本人は欧米人に比べ、糖尿病に罹る確率が高い。というのも、欧米人のインスリンの分泌能力はなんと日本人の倍なのだ。欧米人はたくさん食べても、その量に見合うインスリンが体内で分泌され、余分な栄養が脂肪として蓄えられる。だから腹の突き出た、極端にデブな人が多い。

しかし、日本人はインスリンの分泌能力が低いため、脂肪がつくよりも先に糖尿病になってしまう。欧米人とは違う体質ゆえに、太りづらいけれど食べた分だけ、ぜい肉より病気のリスクを招く。それが日本人の特徴なのだ。日本人はコロナ予防よりも、まず糖尿病予防に向き合ってほしい！　と思う。コロナはワクチンもあるし、自己免疫で治る確率が高いけれど、糖尿病はいったん発症したら、一生治らないのだ。

難病はいずれ克服されるかもしれない

僕は2年前から、糖尿病の自費診療の治療薬「SGLT2阻害薬」を服用している。糖尿病予防を目的とした、体重コントロールのためだ。

SGLT2阻害薬は、インスリンを介さず、腎臓に作用して尿から尿糖の排出を促し、血糖値を下げる効果が報告されている。従来の薬は膵臓を酷使し、低血糖を招く副作用もあったが、SGLT2阻害薬は身体への負荷を劇的に下げた。しかも体重減少・血圧低下・脂質改善などの有効性も立証されている。

糖尿病は難治の厄介な病気とされていたが、ほかの多くの病気と同様、テクノロジーの進化によって、発症リスクを大きく減らせる可能性が出てきたのだ。

糖尿病は21世紀になってから発見が相次ぎ、膵臓の病気というのが定説だった。しかし日本の医学者たちは、糖尿病発症の原因は腸の炎症にあり、さらに腎臓の機能も密接に関係しているらしいことを突き止めた。現在、大学病院など専門機関で、全容解明の研究が進められている。もしかしたら、SGLT2阻害薬のような画期的な薬が現れたように、糖尿病を克服できる治療法が生まれるかもしれない。

医療を発展させた人類の叡智を侮ってはいけない

医療技術の発展は、本当に目覚ましい。コロナウイルスは短期間でワクチンが開発された。国民への接種が進んでいる2021年の初夏の時点では、死亡者と重症患者の増加が止まるなど、感染拡大を抑える効果が現れている。

コロナウイルスとの共存の最適策は、自粛ではない。最先端のテクノロジーを使いつくすことだ。あらゆる病気と闘い、勝ち方を模索してきた、人類の叡智を侮ってはいけない。いま僕が新たに注目しているのは、デジタル薬だ。

生活習慣管理アプリなどのデジタルツールで患者の意識や生活習慣を変え、治療を図る試みだ。医療薬よりも開発費が安く、副作用のリスクが低い。高齢化社会がさらに進むこれからの有効なツールとして、治療現場への導入が期待される。

病気の予防治療に最も効果があるのは、行動変容だ。

無意味に閉じこもったりするのは愚かだ。病気に罹らない生活とはどんなものか？を考え、正しい知識をもとにした行動で健康寿命は10年以上伸ばせるのだ。

江戸時代の教養レベルを取り戻せ

HIUとゼロ高は令和版・大人と若者の寺子屋だ

世間では不要不急の禁止と、自粛ムードが適切な検証もなくあっさり受け入れられた。それは国民全体のリテラシー不足が大きな要因だと、本書では説いてきた。良質な情報があふれているのに、おかしな陰謀論や思いこみ、間違った対処法に流されてしまう人が、多すぎる。正しい情報を採り入れ、少し考えれば、誰も我慢や不幸を強いられない対処法が採れるのに……わざわざ、ストレスをかぶるような決定に、なびいてしまうのだ。

考える手間さえも怠けてしまうのは、どういうわけだろう。思考力で、苦境は最大限、回避できる。それが人間の特性なのに、思考を簡単に手放して、あえて心身ともに負荷のかかる選択を取ろうとする。

もしかして我慢そのものが、好きなのだろうか？　日本人は想像している以上に、マゾな人が多いのかも、と疑ってしまう。行政からの保証金不足、ワクチン不足、感染予防対策不足よりも、僕は一般の人たちのリテラシーの不足が、気がかりである。

コロナ明け（そんなものはないのだが）が実現したとき、現在の自粛賛成派の人たちの情報量や解釈力で、これからの経済再興がうまくいくとは考えられない。

総体的なリテラシー不足は、お金に関する本をたくさん書いている間も、はっきり感じていた。お金とか、常識とか、天災とか、とらえどころのない概念に対する本質の理解力が、あまりにも欠けている。もちろん僕が完璧に理解しているとか、他人よりリテラシーが高いとか、そんなことではない。ただ、ほんの少し自分の頭で考えるだけで、いま困っていることがだいたい解決しますよ、という動かしがたい事実を発信すると、批判されたり炎上するパターンが多いのは、戸惑ってしまう。言葉を理解できてないんだなぁ……と呆れるばかりだ。

世界トップの金融リテラシーを誇った江戸の日本人

歴史をさかのぼってみると、意外な事実が判明する。江戸時代まで、日本人は世界トップクラスの金融リテラシーを持っていた、経済強者だったのだ。

当時、和算を修めた「遊学算家」たちが、各藩からの要請で全国行脚していた。彼らは農民に、寺子屋で算盤を使い、数列や幾何学の基礎を教えていた。幾何学は、田んぼの面積を測って納税額を確定するのに、学んでおかねばならない知識だったのだ。学校に一度も通っていない多くの農民でも、計算の複雑な年貢システムに対応できた。平均的な町人の和算の能力は、当時の世界最高水準にあったとされている。

民衆の数学リテラシーの底支えがあって、日本人はアジアの中でいち早く貨幣経済に移行できた。商取引には、会計の基礎が導入され、呉服問屋や酒蔵が大企業へ成長した。金融業者は利息の複利計算をこなし、江戸の街の経済市場は、大いに賑わったという。しかし明治時代以降、社会の工業化が進んだことで、田畑を計測する幾何学の優先順位は下がった。和算の影響力は薄れ、学校の数学の授業は、型の決まった公式を覚えたり解いたりする退屈な勉強が主流となり、国民の数学力は急落した。

テクノロジーの進化が、国民のリテラシー低下の遠因となったのは、残念なことだ。いまこそアナログな、江戸時代の寺子屋が復活してほしいと思う。

知識を横断する勉強指導を行った私塾

幕末には、全国で1万5000以上も運営されていたという寺子屋の基本スタイルは、個別教育だった。師匠と呼ばれる先生が、子どもたち一人一人の将来の目標を聞き取り、それに合ったカリキュラムを提供していたという。現代のアクティブラーニングの原型となる指導法だ。一つの教科に縛らず、子どもの興味の赴くまま知識を横断した指導を行っていた。ゆるいといえばゆるいが、若者の「やりたいことをいますぐやる！」という精神を養うには最適の環境だったと思う。そこで学んだ若者はきっと、コロナ禍のような困難な状況でも自分なりに楽しんで生き抜けるはずだ。

寺子屋の私塾スタイルを参考に、僕たちは「ゼロ高」を運営している。

コロナ禍で普通に学校に通えず、退学した若者は少なくない。変化の多様なこれからの時代に耐えうるリテラシーを身につける場として、ぜひお薦めしたい。

数字の評価で心を満たすな

「数字依存」はムダや失敗を恐れるもとになる

コロナ禍でも、一部のサラリーマンには仕事のノルマが厳しく課せられている。ノルマをこなし、数字上の評価を1つでも2つでも上げていく作業に、神経と体力を全投入している。いまこの本を読んでいるあなたも、その一人かもしれない。数字を上げれば、たしかに達成感はあるし、承認欲求も満たされるだろう。名誉や肩書を得る近道にもなる。

おそらく僕は、数字の評価の世界では、同年代のビジネスマンの中では飛び抜けて成果を出した一人だろう。

九州で最も偏差値の高い高校に通い、日本で一番上のランクの大学に通った。起業して数年で年商数百億円規模の企業に成長させ、プロ野球球団とメディア企業の買収に挑んだ。現在は国内外で100以上の案件や事業を抱え、ほとんどを黒字収支にしている。メルマガ登録数は日本一をキープして、日本最大規模のオンラインサロンを主宰している。出した著書は200冊以上で、監修作なども含めれば総累計は1000万部に近づいている。これからも著作は増えていくだろう。

人生のさまざまな数字評価の場面では、圧倒的な勝者といえるかもしれない。その僕が、断言する。数字の評価は、何の意味もない！　追うだけムダ！

僕が言っても、説得力がないかもしれない。でも、よく考えてみてほしい。数字の評価はしょせん、他人が決めること。自分では、どうにもならない。100点が欲しくても結局、くれるのは先生とか上司とかお客さんとか、コントロールのできない他人なのだ。自分でコントロールのできない数値表示の物差しに、心を操られていることが本当に幸せか？

もちろん数字評価に意味はないことなど、みんな頭ではわかっている。でも手っ取り早く他人からほめられたり、報酬を得るために努力している。目先の満足のためには、数字評価を達成するのもいいだろう。

ただ、それを満たしきったとき、気づくはずだ。他人に褒められるより、自分が自分に誇れる挑戦を、数字など関係なくやってみた方が、喜びが大きいことに。

学歴や肩書、お金や仲間の存在は、重要ではない。

無用でもないが、喜びは限られている。本当に心がはずむ、プライスレスの喜びを生み出すのは、他人の評価をふりほどいた行動だ。

数字評価の追求など、放り出していい不要不急だ。

誰の意見にも従わず、たくさん失敗しよう

立ち止まるより、行動が大事だと、しつこく述べている。僕は行動最優先で生きてきて、その結果として数字の評価で成果を出してきた。あくまで結果だ。

「君は考えが足りなすぎる」とか、「事業展開が早すぎて危なっかしい」と、大人からしょっちゅう言われた。まったく意に介さなかった。逆に僕は、古い大人たちのスピード感のなさや、行動の遅さ、常識に守られていたい欲に、呆れるばかりだった。

常識というものを守っていれば、いいことがあるの？　常識通りで数字の評価が、出せるんですか？　どちらも答えは「ノー」だ。

世間の常識なんか気にしないで、好きにやってきたことで、大きな実利を獲れた。お金も、優秀な仲間も、可愛い女の子とも仲良くなれた。目的を達成するために、行動スピードを落として、いい結果になったためしは、1回たりともなかった。

誰の意見にも従うな！　と、あなたに伝えたい。失敗も上等だ。たとえ失敗したとしても、試行の数は、後から数字の評価の裏づけとなる。

ノーベル生理学・医学賞を受けた理学博士、大隅良典先生も著書で述べている。
「あなたがまだ若いのだとしたら、まずは1回、失敗してみようということです」
「それくらいの精神的な余裕を持ってください。1回も失敗してはいけないなんてことを言い出したら、科学からは新しいものは生まれなくなってしまいます」

偉大な理学者も、不要不急を肯定している。その通りだと思う。

不要不急のチャレンジを、思いつくまま、やりたいときにやろう！　いっぱい失敗して、下落したあなたの評価は、むしろプラスポイントだ。他人の決めた枠組みにとらわれない、自分評価が絶対の人生の礎となる。

情報を選ばず浴びろ。自分の言葉が出てくる

情報の海に飛びこまなければ、一生泳げないまま

リテラシーを養う重要性を、何度も述べている。知らないことを知ろうとする学びの意欲と、知的好奇心の維持は、大人になっても忘れてはいけない。

「このくらい知っておけばOK」という、知識の及第ラインは存在しない。驚異的なスピードで変わっていく社会で、足をすくわれずに進んでいくためには、新しい情報に常時接続している、リアルタイムでの思考のアップデートが必要だ。

多くの大人は経験や人間関係を重ねていく中で、物知りになったという錯覚に陥る。それは危険だ。明確な根拠なくリテラシーに自信を持つのは、致命的なミスを招く。

過去の経験など、次の行動の安全保障にはならない。

どんな経験を経ようと、「自分はまだまだ知らない」という姿勢を保ってほしい。そうすれば新情報を獲りにいくモチベーションは減らず、リテラシーも伸びていく。

「動かなければコロナ感染は防げる」という考え方は、リテラシー不足の典型だ。不要不急の行動を制限することは、コロナウイルスの感染リスクよりも、人生に大きな不利益をもたらす。それが、なぜわからないのだろう?

僕たちは自粛するのではなく、秒単位で更新されていく情報をつかみ、本当のリスクを理解するリテラシーを養わなければいけないのだ。

情報は、流体だ。ほんのささいな風向きや揺らぎで、流れは大きく変わる。ときに逆流することもある。確実な先読みは、誰にもできない。

予測なんかムダだ。野放図に対流を巻き起こしている情報の渦に飛びこみ、裸で泳ぎ続けよう! 泳いでいれば、生き延びる呼吸をするために自分の頭で必死に考え、全力で手足を動かすだろう。もがくのも悪くない。流されそうになるのも結構だ。動いているうちに、自分の能力を最大限に発揮できる流れに、乗っていける。

流れを読もうとせず、思いきってダイブすることだ。安全を優先し、リスクを避け、過去の経験だけでやりくりしようとしても、頭は良くならないのだ。

インプット×アウトプットで製品づくり

あなたの周りにも「君は若いから知らないだろうけど……」と話し始める、うっとうしい大人がいると思う。物知りかどうかでマウントを取ってくる相手は、バカと決めつけていい。本当に賢い人ほど、謙虚で、質問上手だ。

僕もよく周りから「堀江さんは物知りですね」とか「リテラシーがすごい」と言われるが、自分ではまったく足りていないと思う。僕より頭のいい人はたくさんいるし、経験が少なくても、いろんな分野の若者の話をいっぱい聞かせてもらいたい。

多少の地位を得たり、成功を収めても、リテラシーの引き上げには、貪欲であり続けよう。それには情報を浴びるのと、アウトプットの組み合わせが必要だ。

発信する場所はスマホ上に揃っている。SNSはもちろん、ブログやnoteで原稿を書くのもいい。NewsPicksでコメントを書くのも効果的だ。

HIUへの入会も、かなり有効だ。著名人を招いたトークイベントのほか、行動意欲があふれているメンバーたちとの会合、多彩な分科会で意見交換がなされている。良質なインプットとアウトプットが、同時に実践できる最適の場だ。

いずれにしろ、まずは発信してみよう。何を発信していいかわからないという人は、インプットが足りないのだ。インプットが充分にできていれば、自分の意見や言葉は、きっと出てくる。ためらわず、外に向けて発信することが大事だ。意外な拡散が起きたり、熱い議論になるかもしれない。

そこで思考の整理が進めば、長短の文章にまとめてSNSに投稿してみよう。頭の中の意見はさらに洗練され、体系的な概論として強い知識になる。頑張って書籍レベルに構成できたら、自費出版や、出版社へ売りこむのも一案だ。

とにかく、インプットとアウトプットのプロセスを習慣づけてほしい。情報のインプットだけでは単なる部品集めだ。せっかくの情報を、コレクションするだけで満足してはいけない。情報という部品を、つなぎ合わせ、製品を生み出すのだ。

社会問題を解決する事業でもいい。人を助けるサービスでもいい。組み立てることで、部品たちは活きてくる。それは、お金儲けの何十倍も楽しいことだ。

本当のリテラシーは、自分以外の多くの人たちと楽しみを共有する原資となるのだ。

「生きることの価値」を24時間問い続けろ

結局「3歳児」が最強

自分の稼いだお金で生活できるようになり、社会人として一定のポジションを任され、結婚して家族ができたとき、多くの人は似たような悩みに直面する。

「価値ある生き方とは、何か?」

現在のように、自粛や移動制限で不自由が蔓延していると、価値を発揮するものが、いったい何なのか、よけいに見えづらくなっている。

衣食住は、経済力がなくてもシェアリングエコノミーなど、テクノロジーの発展で、おおかたこと足りる。肩書や受賞歴など名誉も結局、外付けのラベルだ。そんなものを貼ったところで、人間の中身の品質は上がらない。

価値のある生き方とは？　そんな抽象的な疑問を持つこと自体、僕からすれば「無価値」なのだが、不安や迷いにとらわれがちな現代人には大事な問いなのだろう。

はっきり言うが、価値のある人生に定義はない。価値を感じるものは、人それぞれだ。価値を求めても、幻想を追っているのと同じ。満たされることはないだろう。

しかし、「価値を生んでいる」生き方は、誰にでもできる。

簡単だ。不要不急を、好きなだけ楽しむことだ。

やりたいことをやる無心と図々しさが価値を生む

必要ではないこと、特に利益のなさそうなことを、すすんで楽しむ人は、子どもみたいに魅力的ではないだろうか。子どもがなぜ愛らしくて、存在そのものが価値だと思われているのか。外からの評価や目線にとらわれず、興味のあることにだけ没頭できる「不要不急の行動の塊」だからだ。

何時間も、積み木を組み立てたり、泥遊びしたり、ブランコを漕いでいてＯＫなのだ。子どもみたいに、フリーダムに不要不急を楽しんでいれば、自ずと生きている価値は上昇していく。達成目標や、「いまやる必要あるの?」という分別など、要らない。やりたいことをいまやる無心と図々しさが、勝手に価値を生むのだ。

常識は、時代と共に変わる。先のことは、誰にもわからない。

僕にも全然わからないけれど、誰も急いでやらないことを、すすんでやってみせる生き方に、価値ポイントが集中する常識は、変わらないと思う。

重ねた経験がポジティブな記憶の残高

先にも述べたように、シェアリングエコノミー時代で、物を所有することの価値は急速に下がっている。僕たちは物が運んでくる体験に価値を感じて、長い間、お金を払ってきた。しかし体験の多くは、物が運んでくれなくてもスマホやオンラインサロンで楽しめるようになった。

物に縛られていた体験は、自由になったのだ。僕たちは、その体験を分け合える。

これからは、所有の価値よりも、共有による価値創出の人生が、みんなに選ばれるようになるのだ。

需要の高いものは、学歴や大企業の名刺ではない。いままで何をしたか？　誰と遊んできたか？　どんな面白い意見を語れるか？　という個人の経験値だ。

シェアの市場に置き換えられない、行動力によって記録された経験値が、高値で取引される社会になっていくと考える。

SNSの普及で、高値をアピールできるチャンネルは増えた。コミュニティ内外での発言や、行動の経歴が、個人のアイデンティティとして価値を発揮する。「何を持つかではなく、どんなオリジナルストーリーを持っているか」が、評価軸となるのだ。

古代ギリシャの哲学者、アリストテレスは「概して、持つことより使うことに、はるかに大きな豊かさがある」と唱えた。古代の賢人も、不要不急のために行動することの重要性を説いている。

古代人に、負けてはならない！　時間は、行動に使いつくそう。

動き出して重ねた体験は、人生におけるポジティブな記憶の残高となる。それは現代社会では、お金や肩書の何倍もの価値を発揮するのだ。

価値を追ってはいけない。真にバリュアブルなのは、体験を取りにいく行動力だ。

未来が恐いなら味方にしてしまえ

「いまここの没頭」と「知らない明日」を増やしていくだけ

コロナウイルスは感染力が強く用心が必要ではあるけれど、現在の自粛要請は行き過ぎで、不要不急を犠牲にするなど噴飯ものだと本書で何度も述べてきた。無警戒でいい、とは言わない。感染対策はしっかりしておくべきだ。だが、政治家を含めた社会の大部分の人たちは、きちんと科学知識を学ばず、ペスト禍の再来のようなパンデミックを恐れている気がする。

恐怖感の蔓延を引き起こしたのは、リテラシー不足もあるけれど、一番の要因は「ネガティブな未来思考」だろう。日本人が農耕経済に縛られていたころの、悪しき名残だ。

学校でも家庭でもビジネスの場でも、未来を考えることが一人前の大人であり、大切だと説かれる。だいたいトラブルや事故など、ネガティブな事態を想定してのことだ。きたるべき未来に備えて、保険をかけたり、事前の準備が奨励される。

未来思考は、リスクを回避するためのマネジメントの基本だという。

けれど、おかしくないか？

未来思考は、意識が「いまここ」にない状態だ。

つまり、起きてもいないトラブルを想定した未来を、意識上に「予約設定」している。それが人の幸せに結びつくとは、どうしても思えない。

未来を予測しようとか、安全にしていこうと事前準備することに、メリットはこれっぽっちもない。あるのだったら、教えてくれないだろうか。病気とか裏切りとか、想定にない障害や躓きが現れるのは当たり前で、準備がきちんと整っているほど落胆は大きくなる。

繰り返すが、未来を想像して、いいことは何もない。行き当たりばったりが、一番落胆が少なく、生産的に動けるのだ。

「知らない明日を迎えることが、人生の醍醐味である」と、思い出してほしい。明日、想像していた通りの安全な未来が訪れたとしても、ちっとも楽しくないだろう。想像通り、安心感に満ちた人生は、ケガはしないかもしれないけれど、つまらないものだ。

過去に派手に転んだり、傷を負ったことを、あなたは後悔しているだろうか?貴重な失敗体験として、苦境から立ち直るのに役立っているはずだ。

起きてもいないトラブルに右往左往している

未来を想像するのは、不安の種を育てることだ。

コロナ禍でも、ほとんどの人たちは「感染したらひどく苦しむ」「治療法はないから死ぬかもしれない」「周りから村八分にされる」という、未来の可能性に怯えている。感染予防に努めればいいだけなのに、起きていないネガティブな事態を自分で決めつけ、右往左往しているのだ。

心配したいのが好きならいいけれど、少し冷静になってみよう。不要不急を犠牲にしたって、未来の不安はなくならない。不安を消すために何かを我慢して、不安がパッとなくなった経験を、誰か持っているだろうか？

未来にではなく、機会損失にこそ怯えてほしいと思う。不要不急を減じて、新しい楽しみに出会うチャンスを失う方が、恐ろしいのではないか。

これから訪れる不要不急の社会

未来思考と不要不急は、相性が良くない。どちらかを優先すれば、どちらかが邪魔になってくる。選ぶべきなのは当然、不要不急の方だ。

未来のネガティブな失敗ばかり心配して、リスクから逃げるように暮らすのと、とりあえず後のことは考えずに、やりたいことを望むままやってみる。豊かな未来づくりに役立つ思考は、どちらか？　考えるまでもないだろう。

2021年7月の段階でワクチン不足が起きるほど、ワクチン接種は急速に進んでいる。ワクチンの副作用リスクは根強く問われているが、ゼロリスクはありえない。いずれにしても、遠くないうちに日本では全体免疫を達成できるだろう。コロナ前の社会を、年内には取り戻せるかもしれない。

あえて言うが、僕はコロナ前・コロナ後という区分が嫌いだ。コロナウイルスは僕たち人類と共に、太古の昔から地球上に存在していたのだ。突然現れた怪物ではない。区分があるとしたら、「我慢強制前」と「我慢強制後」だ。

僕たちは我慢を強いられたことで、不要不急の必要性をあらためてたしかめただろう。これからは、不要不急の社会への脱出だ。

ワクチン接種の成功により、コロナと共存する社会が、リスタートするのだ。

人間の身体はほとんどが不要不急のDNA

コロナ禍の広がっていた2020年の夏に、解剖学者の養老孟司先生が専門誌で論じている。ヒトゲノムの4割は、ウイルス由来だ。その4割が、どのような機能を持つのか、まったくの不明らしい。

ゲノムの中で機能が明らかにされているのは、全体の2%程度。つまりヒトゲノムは現代科学の分析では、ほとんどが不要不急のジャンクDNAで構成されているというのだ。ジャンクの方が量的には、全体を占めている。「要であり、急である」ことが、実は生物学的には例外なのだと、養老先生は述べている。

いまはジャンクで無用、でも後々に必要とわかる。それが生物界では当たり前の認識だ。何の役にも立たないと思われていた体内機関や細胞が、研究によって命を支える重要なものだったと判明する例は、後を絶たない。

人間社会も同じだ。不要不急は、感染予防のために禁止されるべきではない。むしろ健全で健康な営みを保つのに、最も貢献している。

自粛の同調圧力を打ち破り、不要不急を楽しむ運動を取り戻そう！

そうすれば、巣ごもりで錆びついた社会は、本来の機能を再起動させるだろう。

外伝

不要不急のビジネスに没頭するHIU生たち

橋本玄樹《はしもとげんき》さん

北海道・大樹町のエンタメパン屋「小麦の奴隷」代表

前職は整体師です。26歳のときに京都から上京して、南青山で整体院を経営していました。数年で経営は軌道に乗り、口コミでモデルやセレブの方々の御用達の店になりました。

ビジネスとしてはうまくいっていたんですが……正直飽きつつあったこともあり、整体に縛られないチャレンジングな仕事を模索していました。「もっと本気になれるものはないか」と、本をいろいろ読むうちに、堀江さんの著書と出会いました。その中にHIUが紹介されていて、これだ！　と、入会を決めました。

サロン内では、堀江さんのメッセージ通り、自分からすすんで行動しました。新人向けのHIUオリエンテーションのイベントリーダーを務めたり、「ホリエモン祭」では鬼の格好で、来場したお客さんたちにマッサージを提供したりしました。

HIUのメンバーだけのミュージカル「クリスマスキャロル」には、役者として出演しました。キャスティングのとき、どうせやるなら！と、主役のスクルージ役に立候補したんです。舞台経験のない素人だけで、5か月の間にミュージカルをつくりあげることがコンセプトでした。

仲間たちと試行錯誤しながら、懸命に舞台を完成させました。上演のときは堀江さんと、ニコニコミュージカルのとき「クリスマスキャロル」のヒロインだった安田美沙子さんが見に来てくださり、絶賛していただきました。

舞台役者の経験をきっかけに、舞台制作会社「演劇2・0」を立ち上げ、堀江さんのベストセラー『多動力』を「不思議の国のアリス」の世界観で舞台化した「多動力アリス・イン・ブラックカンパニー」を制作しました。

上演は成功したのですが、気持ちのうえで燃え尽きてしまった自分がいました。サロン内のイベントでも、ほかに自分がやりたいものが見つけられず、整体師を漫然と続けるだけの数か月が過ぎていきました。

いままでと違うことをやっていいタイミング

そのころ、ＨＩＵのＦａｃｅｂｏｏｋのスレッドで、「おしゃれなパン屋のフランチャイズを田舎で展開する」というビジネスプランが盛り上がっていることを知りました。

モデルになったのは、長崎の五島列島の島の一つ、福江島に２０１９年にできた本格パン屋「ワンダートランク トラベルベーカリー」。博報堂の子会社が運営にかかわっていて、田舎の店にもかかわらず、全国からお客さんが来る繁盛店になっており、「ＨＩＵでもパン屋をやったら面白いんじゃない？」と、スレッドでメンバー同士、熱く意見交換していました。

実は僕には以前から、漠然と「パン屋をやってみたい」という気持ちがありました。あまり知られていませんが、故郷の京都はパンの消費量が日本一で、小さいころからパンが大好物だったんです。

パン屋のスレッドが盛り上がっているとき、ちょうどHIU1期生で、何かと応援してくれる先輩メンバーと一緒に飲んでいました。「橋本くんはいま、何かやりたいことないの？」と聞かれて「実はパン屋をやってみたいんですよね」と言いました。すると即「やったらいいんじゃない？」と、背中を押してくれたのです。その言葉に、救われました。「演劇から離れて、違うことをやってもいいんだ」って。

そのうち僕のスマホのスレッド上に、堀江さんがひと言、コメントを投下しました。「大樹町でやるなら、俺は全力で応援するよ」と。パン屋をやりたい！と言っていたメンバーたちも、さすがに北海道に引っ越すのはハードルが高いと感じたのか、パタッと動きが止まってしまいました。

けれど僕だけ、「やります！」と投稿しました。

大樹町には以前から、可能性を感じていました。堀江さんのロケット事業を盛り上げたかったですし、先に現地でオープンしていた、HIUメンバーが手がけるレストラン「蝦夷マルシェ」の成功も知っていました。

舞台ビジネスもいいけれど、根を張って、地域に後々まで残るビジネスをやってみたい。そんなことを考えていたんです。

たまたま1期生の方と飲んでいたときに、堀江さんのコメントが投げられたのは、偶然ではなかったでしょう。いまが動くタイミングだ！　と思いました。投稿後すぐさまサロン内で仲間を募り、パン屋のオープンに向けて動き出しました。

お客さんはパンではなく情報を食べている

パン屋を作るにあたっては、以前立ち上げた会社「演劇2・0」を定款変更して「株式会社こむぎの」として登記しました。

成功しているパン屋を調べるのに、ベンチマークしたお店のある福江島や、地方の有名店に通い詰めました。パンづくりのノウハウ、資金集め、スタッフ集め、大樹町での店舗決めなどやることは多かったですが、没頭していたので楽しかったです。動きながら手探りで方法を見つけていく形で、店のオープンまで段取りを進めていきました。

南青山の整体院を畳んで、2019年の9月には大樹町に移住しました。

本当にありがたいことに、妻の反対はありませんでした。「楽しそうだし、いいんじゃない？」と、東京の住まいを離れてついてきてくれました。

店名は「小麦の奴隷」。いくつか候補が挙がる中、僕が読んだ『サピエンス全史』からヒントを得た「小麦の奴隷」に決まりました。みんなから「奴隷？」などと猛反対されましたが、結果的にそのインパクトで覚えてもらえたので、良かったと思っています。

オープンの1週間前になっても準備は終わらず、開店時間の直前まで最終調整に駆け回っていました。正式にオープンしたのは去年の4月。スタッフは、僕と同じく移住してきたHIUメンバー1名。パン屋の経験者は、ほとんどいませんでした。

それでも「やれる！」という確信がありました。

パンづくりももちろん大切ですが、食料品ビジネスの生命線は何と言ってもオペレーション。そしてストーリー。僕たちの場合、「北海道の片田舎でやっている風変わりでおしゃれなパン屋」という「情報」なのです。そこに、堀江さんの情報が含まれていないところがポイントです。

これは実際に開店してわかったのですが、本当にお客さんはパンではなく、情報を食べに来るのです。『小麦の奴隷』に行けば、ほかにはないパンを食べられる」という情報を整えること。それができれば、お客さんはきっと来てくれると信じていました。

結果として、大成功でした。ちょうどコロナ禍が始まり、みんなが「情報」に飢えていたこともあったのか、オープンから現在まで、大樹町の店では黒字続きです。

高級パンブームの波に乗れた

主力の商品はメディアでも取り上げてもらい、受賞歴もある「ザックザクカレーパン」です。「食べる前に食べたいと思うカレーパン」をコンセプトに、SNSでバズるよう、徹底的にブランディングに手をかけました。

30種類くらいあるラインナップの中で、いまでも全商品の売り上げの4割は、ザックザクカレーパンです。価格は250円とリーズナブルに抑えたこともあり、1日で500個以上売れるときもあります。

大樹町のお店の中では、うちのパンは少し高めですが、お客さんは毎日途絶えません。比較的高額なパンブームが来ているのと、ちょうどコロナ禍で、持ち帰りのパンがよく売れる時期に重なったことがラッキーでした。

　地方ならではのコミュニティを活かした、行商スタイルの訪問販売も効果的でした。北海道の新聞にもたびたび取り上げていただき、地元での認知度が上がりました。大樹町の皆さんに支えていただき、本当にありがたかったです。

　準備は死ぬほど忙しかったですが、思いきって行動したことで、いろんな好機が巡り、追い風をつかめたと感じています。おかげで現在は、弊社（株式会社こむぎの）が運営元であるＦＣを含め、全国で11店舗を展開しています。あと2年で１００店舗にもっていくのが目標です。

途中であきらめないでやりきれる人が少ない

「小麦の奴隷」は、「エンタメパン屋」を掲げています。「お客さんにエンターテイメントを売ろう！」というマインドで、いろんなアイデアを実践しています。

　オープンまでのクラウドファンディングでは「王妃・国王権」を出しました（笑）。パン屋を国に見立てて、１年間限定で王妃・国王になれるという、15万円のリターンです。これが即完売しました。購入者がお店に来たら、国王です！　と、周りに紹介します。そういう体験型のユーモアが効いたパン屋は、シンプルに楽しいですよね。

1回あたりの購入額ランキング制度も導入し、お店の前にその月の上位3名の名前を掲載しています。これも、お客さんに面白がってもらえました。1位を獲るために一度に12万円ぶんのパンを買ってくださったお客さんもいました。

普通のパン屋にはなかったエンターテイメントを提供できるのが、「小麦の奴隷」のウリです。

堀江さんとは「そのうち『奴隷ランド』を作りたいね」と話しています。

兵庫の有名スイーツ店「パティシエ エス コヤマ」が、スイーツの複合施設を運営していて、「お菓子の町」として県内外から人気を集めています。そんな感じに、パンを通して遊べる遊園地みたいな空間を、大樹町に作りたいのです。

僕たちがとりあえず成功しているのは、「遊び感覚から始まる不要不急のことがらをやりきっている」からです。

みんな、やっぱり途中でやめちゃうんですよ。HIUのイベントやビジネスプランも、いいところまでいくと、だいたいの人がビジネスに乗せきれずに途中で降りてしまいます。「小麦の奴隷」のビジネスは、誰かから求められていたわけではありませんが、やったら絶対に面白い！　と信じてやりきりました。

周りの目や、自粛の同調圧力に負けず、最後まで、納得するまでやりきる！　ということが成功の第一条件で、最も確実な信用貯金になります。

ＨＩＵは背中を押してくれるし、「やりきる！」という意欲のある人へのフォローとリスペストを欠かしません。それを最も実践しているのが、堀江さん。ＨＩＵに入って、背中を押された勢いで、コロナ禍に負けずに「面白い」と感じたことをやってみてほしいですね。

「小麦の奴隷」公式サイト

齊藤弘起《さいとうひろき》さん

地方創生×エンタメ事業「謎解きロゲイニング」代表

ＨＩＵに入る前は、大阪の高校に通っていました。大阪でも割と上位の有名校だったんですが、周りの同級生とはあまり話が合いませんでした。愚痴が多いし、向上心が感じられない。そのまま学校に通うことに違和感を覚えていました。

去年の４月くらいにコロナが本格的に流行りだして、いっせい休校になりました。起業に興味があったので、自宅にいる間、起業家のチャンネルを見ていました。その中でホリエモンチャンネルに出会い、すっかりハマって毎日、見まくっていました。当時上がっていた動画には、最後にＨＩＵの紹介がされていました。「ここなら僕のやりたいことが見つけられる！」と思い、さっそく入会しました。会費は親に頼らず、自分のアルバイト代で支払いました。

ＨＩＵで活動していると自然に、堀江さんの立ち上げたゼロ高等学院、通称「ゼロ高」のいろんな情報も入ってきます。そのとき通っていた高校より、面白い高校生に出会える気がしました。だから思いきって、ゼロ高にも入学しました。

とりあえずやってみよう！　という行動

２０２０年10月、ＨＩＵの秋合宿が行われました。合宿では多彩な研修イベントやアクティビティをみんなで体験します。でも、秋の合宿では目玉となる企画が諸事情でキャンセルになっていました。

合宿の場所を探しながら、ほかに企画はないかと考えていたとき、メンバーの一人が「謎解きゲームとロゲイニングを一緒にやったら面白くない？」と言い出しました。

数年前からブームになっている謎解きゲームと、ロゲイニング（地図とコンパスを使って、山の中に設置されたチェックポイントを制限時間内に回り、得られた点数を競う野外スポーツ）は合宿で別々に行うことが決まっていましたが、一緒にやってみるという発想には、正直初めはピンときませんでした。でも「とりあえずやってみよう！」と挑んでみました。すると、めちゃくちゃ面白かったんです。参加したメンバーからも大好評でした。

ここがＨＩＵとゼロ高のいいところなんですが、紆余曲折ありつつも今年の３月に堀江さんに直接事業プレゼンする機会をいただき、堀江さんから背中を押していただく形で「謎解き×ロゲイニング」を本格的に事業化していくことにしました。実行の中心は僕とロゲイニング開催経験のあるメンバー・中崎さんの２人。ＰＲ動画やＷｅｂデザインなど、いろいろな仲間に協力してもらいながら進めています。

ＨＩＵとゼロ高メンバーだけで営業・発信

その後、ホリエモンチャンネルで堀江さんに直接「謎解き×ロゲイニング」の事業案をプレゼンした動画が、ありがたいことに好評をいただきました。一般の人たちからのビジネスプランで、めったに褒めることのない堀江さんも絶賛してくれました。

堀江さんには「早くやればいいのに！」とも言われています。コロナ禍で旅行業界は冷えきっているため、どこの地方自治体も観光客を取り戻す新しいアクティビティを欲しがっています。「謎解き×ロゲイニング」は、地方創生にぴったり。いますぐやるべきビジネスだと確信しています。

動画が上がってから数か月、スピード感をもって具体的な事業化に動いています。

今年は、「謎解き×ロゲイニング」の新しいコンテンツを、全国各地で10個実現させることが目標です。まずは震災支援の意味で福島県・磐梯町で3つはつくりたい。できれば泊まりがけ、1泊2日以上かかる大がかりな謎解きをつくって、商業ベースでの実績を重ねていきたいと考えています。

PR活動は僕が中心となって、ポスターデザインが得意なゼロ高生やWebデザインが得意な18歳のHIU生に協力してもらったり、プロカメラマンの方に撮影を依頼しています。基本的に、HIUとゼロ高のメンバーだけで運営しています。

集客は、磐梯町の行政の協力を得て、ポスターやチラシで宣伝しています。東北の地方新聞や地元テレビ局にも取材に来てもらっています。星野リゾートさんにも、テスト大会への参加などで協力していただける予定です。

年内に目標を達成できたら、ゲームのどこが楽しいのか、誰に刺さるのか、そしてどんな社会的意義があるのかが明確になっていくと思います。そのためにも、契約を獲得できる営業やプレゼンができるようになりたいです。各地の企業に営業をかけ、1000万円単位を目標に契約を結んでいきたいと考えています。

現状はHIUメンバーの集まりで動いていますが、間もなく法人化を考えています。僕が初代の社長になるかもしれません。

遊んで生きる未来に必要なビジネス

「謎解き×ロゲイニング」の事業規模は、来年で1億円、3年後に100億円を目指しています。それだけの経済効果を生まなければ、やる「意味」、つまり僕たちのミッションである「自ら遊び方を考えて暮らす人を増やす」が実現できないと考えているからです。

そして近い将来、堀江さんが常々言っているように、日本にもベーシックインカムが導入され、自分から遊びを考えて実行する人たちが主流になるはず。

遊んで生きてもいい社会が実現したとき、「謎解き×ロゲイニング」のコンテンツは存在感を発揮すると思います。僕たちＨＩＵ生は、そのようなビジネスの開発に携わっています。

お金を動かすリアルな行動のできる場

ＨＩＵに入る前の期待を上回るほど、メンバーの方々には刺激を受けています。謎解きとロゲイニングもそうですが、堀江さんがよく言う「点と点をつなぐ」発想が普通にできて、形にしていく行動力は、みんな本当にすごい。考えるより、とにかく動く！　という雰囲気は、ＨＩＵならではだと思います。

ＨＩＵに入ったら、「自分に合う仕事が見つかる」と思っていました。でも受け身ではダメで、自分で動き出さないとチャンスはつかめないと、教わった気がします。

僕を含め、緊急事態宣言で外に出られなかった若者は多いと思います。不要不急の行動をやめ、一日中自分の部屋で過ごしていた人も少なくないでしょう。自粛ムードで、やる気が出ない。気持ちはわかりますが、それでもやっぱり行動は面白く生きるために必要です。

ＨＩＵでは、年４回の合宿で、参加メンバーがビジネスプランを堀江さんに直接プレゼンするチャンスがあります。堀江さんやゲストのジャッジを経て、ブラッシュアップが進めば事業化できます。合宿の本当の面白さは、堀江さんお墨つきのクオリティの２泊３日の遊びを作り上げる過程に参加できることです。また、ビジネスの視点で言えば、参加費８万円・約５００万円の事業にＨＩＵ生なら誰でも携われるところです。

ＨＩＵは、ビジネス経験ゼロの若者が、お金を動かすリアルな行動をやりきれる、ほとんど唯一の場と言っていいと思います。

不要不急の行動、つまりトライアンドエラーの機会を奪われていた若い人たちも、僕たちと一緒に、ＨＩＵで行動の面白さを共有してほしいです。

「謎解きロゲイニング」公式サイト

槇原淳展《まきはらあつのぶ》さん
プロ野球独立リーグ「福岡北九州フェニックス」球団GM

京都の立命館大学を卒業後、地元に戻って地方銀行に勤めました。2年ほど真面目に銀行員をやっていましたが、ふと「もっとほかにできることがあるんじゃないか?」と疑問を持ち、そのまま仕事を辞めました。

当時から、『ゼロ』などで堀江さんの本は読んでいました。広島に講演会に来られたときは、会場へ聞きに行きました。堀江さんの本にはよく、大学時代、ヒッチハイクを経験した話が書かれています。赤の他人に声をかけ、お金をかけずに、北海道以外のほとんどの都府県に行ってみたと。行動力を磨くのにおすすめの方法だというので、やってみよう！　と思いました。そしてヒッチハイクで、プロ野球の本拠地12か所をすべて回りました。

高校時代、野球部だったんです。ポジションは一塁手。甲子園を目指せるほど強いチームではなかったものの、地方大会のベスト8くらいには残れるレベルでした。大学時代、埼玉西武ライオンズの金子侑司選手と同窓でした。大学では野球部を選ばなかったので面識こそないものの、応援しているし、彼の頑張りに刺激を受けています。

そんなこともあり、社会人になってからも心のどこかで、野球に対する想いみたいなものを引きずっていました。できれば野球、またはスポーツ全般にかかわる仕事に就きたい気持ちがありました。実は銀行を辞める直前、国内のスポーツメーカーの中途採用募集にひと通り応募したのですが、全部落ちました。でもいま考えると1社でも受かっていたらいまここにはいないと思うので、それで良かったのかもしれません。

お金で満たされないときにHIUと出会った

ヒッチハイクをやりきった後は、アルバイトで貯めたお金でセブ島に留学しました。

そのあと「20代のうちに東京で暮らしてみたい」と思い、中板橋のシェアハウスに引っ越し、東京生活を始めました。ＩＱＯＳをコンビニの前で売ったり、日雇いで派遣の仕事をしたり、民泊事業などを手がけました。お金が貯まったら一人旅に出たりして、気ままに自分探しをしながら暮らしていました。

それから26歳で始めた中古家電の買い取り・販売事業がうまくいき、年収７００万円くらい稼げました。金髪にして、ナンパした女の子と遊んでいる時代でした。

でも、だんだんそんな生活に満たされなくなってきました。「自分は何のために東京に出てきたんだろう」と悩んでいました。そんなとき、堀江さんのオンラインサロン・ＨＩＵの存在を知りました。

人生の転機に再び、ホリエモンが現れたという感じです。２０１９年、意を決してＨＩＵに入会しました。

一緒にやってみない？　と聞かれ最初に手を挙げる

ＨＩＵは堀江さんの本を熱心に読み、僕みたいに感化された、行動意欲の高いメンバーばかりでした。面白いこと、好きなことに純粋に突っ走っていく。そしてサロン内での事業化のスピードが、ものすごく速い。本当に興奮しました。

僕も何か本気になれる事業にかかわりたいと思い、イベントに積極的に参加したところ、上京直後には考えられなかったくらい、たくさんの仲間ができました。

2021年の1月、転機が訪れました。HIU内のFacebookのスレッドに、「プロ野球の九州アジアリーグでの新球団構想」の話が上がってきたのです。堀江さんがリーグの有力関係者と知り合いで、個人的なつながりで話し合ううちに、新球団のプランがまとまってきたとのこと。

堀江さんが「誰か一緒にやってみない?」とスレッドで聞いてきたとき、僕は誰よりも早く「やります!」とコメントしました。そうしたら、いままで見たことのない数の「いいね!」がついたんです。

ノリで手を挙げてみたけれど、念願だった野球にかかわるビジネスですから、気持ちは本気。この縁と出会うためにHIUに入ったんだと、運命を感じました。

僕は今年、31歳になります。堀江さんが最初に、プロ野球球団の買収に挑んだときと、ほぼ同い年。スケールは違いますが、あの人の「未経験でも、とにかくやってみよう！」の姿勢を見習って、僕もチャレンジし続けます。

どんな方法でも資金集めに努力

球団構想から1か月ほどで、サロンメンバーたちと運営プランを固めました。正式に加わったメンバーは僕と、あと2人の計3名。まず、僕が先遣隊として新球団の本拠地となる北九州市に引っ越しました。ＨＩＵ発のパン屋「小麦の奴隷」の北九州店のオーナーが持つマンションに、ご厚意で住まわせてもらっています。

球団は正式にリーグ加入が決まり、4月に無事登記しました。球団名は「福岡北九州フェニックス」。僕の肩書は、球団ＧＭ。野球少年だった高校時代、まさか将来球団の運営に関わるなんて文字通り、夢にも思いませんでした。

でも、興奮してばかりはいられません。何をおいても、資金集めが喫緊の課題です。運営費は最低でも、年間1億円以上は必要です。

この夏は地元のスポンサーに営業したり、商工会や高野連の方々に頭を下げて回っている最中です。堀江さんのおかげで注目はされていますが、球団には現状、お金はまったくありません。僕自身、しばらくは手弁当を覚悟しています。

堀江さんがかかわっているんだから、本当はお金あるんでしょ？　と誤解されますが、そんなことはありません。お金はないけれど本気でやっています！　という思いを、地元の方々にも丁寧に説明して、北九州に根ざした市民の球団を目指します。

クラウドファンディングや、トークンを使ったファンコミュニティサービスなど、球団のお金になりそうな試みもやりつくすつもりです。ＹｏｕＴｕｂｅでの試合中継の生配信も企画しています。とにかく資金がなければ、夢は語れない。人生で初めてシビアなお金の事情に向き合っています。

同時に監督やスタッフ、選手もゼロから集めます。来シーズンに向けて球場の手配もしなくてはいけません。やるべきことは山積みです。リアル版「実況パワフルプロ野球」じゃないですが、一つずつ課題をクリアしていく、これからの日々に、ワクワクしています。

自分で育てた選手がプロ指名される夢

僕たちの球団で、北九州を盛り上げたい思いでいっぱいです。具体的には、年内にチーム編成をまとめ、来年のリーグ戦に出場。目標は高く、独立リーグ日本一を目指します。

最近は、独立リーグとＮＰＢ（日本野球機構）の元選手との交流が盛んになっています。熊本の新球団「火の国サラマンダーズ」では、かつて西武時代にゴールデン・グラブ賞を受賞した名捕手・細川亨さんが監督に就任。ソフトバンクホークスなどで抑えの名投手だった馬原孝浩さんが、ピッチングコーチを務めています。そういうビッグネームを福岡北九州フェニックスに招くことができたら、地元はきっと盛り上がるはずです。

独立リーグではルール上、選手は1年間でＮＰＢからの指名権を得られます。大学野球は4年間、社会人野球では指名まで2年かかります。20歳前後の貴重な時間をムダにしないで、最速でプロを目指したい若者は少なくないはず。僕たちの球団にいい選手を集めて、九州の野球少年たちの「夢の受け皿」にしたいです。

個人的な夢としては、自分の育てた選手がドラフト指名されて、祝福のビールを飲むこと。そんな未来を描けるのは、ＨＩＵに入らなければ絶対にありえませんでした。

不要不急なんて、1秒も言っているヒマはありません！　球団ＧＭとして、足を使って九州のスポンサー集めに、これから文字通り「全力」をつくしていきます。楽しみにしていてください。

「福岡北九州フェニックス」公式サイト

[参考文献]

・『世界のエリートはなぜ「美意識」を鍛えるのか?
経営における「アート」と「サイエンス」』
(山口周・光文社新書)

・『人新世の「資本論」』(斎藤幸平・集英社新書)

・『空気が支配する国』(物江潤・新潮新書)

・『「役に立たない」研究の未来』
(初田哲男・大隅良典・隠岐さや香　ナビゲーター／柴藤亮介・柏書房)

・『コロナと日本人 私たちはどう生きるか』(月刊文藝春秋特別編集・文藝春秋)

・『思索紀行 ぼくはこんな旅をしてきた』(立花隆・ちくま文庫)

・『コロナの衝撃 感染爆発で世界はどうなる?』(小原雅博・ディスカヴァー新書)

・『新型コロナウイルスの真実』(岩田健太郎・ベスト新書)

・『「感染症パニック」を防げ! リスク・コミュニケーション入門』
(岩田健太郎・光文社新書)

・『感染症の世界史』(石弘之・角川ソフィア文庫)

・『ペスト』(カミュ・新潮文庫)

・『疫病と世界史』(ウィリアム・H・マクニール・中公文庫)

・『ウイルスVS人類』
(瀬名秀明・押谷仁・五箇公一・岡部信彦・河岡義裕・大曲貴夫・NHK取材班・文春新書)

・『ネットで勝つ情報リテラシー』(小木曽健・ちくま新書)

・『日本再興戦略』(落合陽一・幻冬舎)

・『2030年の世界地図帳』(落合陽一・SB Creative)

・『オンリーワン―ずっと宇宙に行きたかった』(野口聡一・新潮文庫)

・『宇宙ビジネスの衝撃――21世紀の黄金をめぐる新時代のゴールドラッシュ』
(大貫美鈴・ダイヤモンド社)

・『イーロン・マスク 未来を創る男』(アシュリー・バンス・講談社)

堀江貴文（ほりえ・たかふみ）

1972年福岡県八女市生まれ。実業家。株式会社ライブドア元代表取締役CEO。SNS media&consultingファウンダーおよび、ロケット開発事業を手掛けるインターステラテクノロジズのファウンダー。現在は宇宙関連事業のほか、執筆活動、オンラインサロン運営、有料メルマガの発行、YouTubeでの動画配信、高級和牛飲食店経営、通信制高校サポート校主宰、ミュージカルプロデュース、予防医療普及協会理事、Jリーグアドバイザーなど、幅広く活動。2021年7月、インターステラテクノロジズのロケット「MOMO6号・7号」が2機連続して宇宙空間到達に成功した。著書に『ゼロ――なにもない自分に小さなイチを足していく』（ダイヤモンド社）、『多動力』（幻冬舎）、『生き方革命』（共著・徳間書店）など著書多数。

破戒のススメ
我慢の奴隷から脱出する44の行動哲学

2021年9月30日　初版第1刷発行

著者	堀江貴文
発行者	小山隆之
発行所	株式会社実務教育出版 〒163-8671 東京都新宿区新宿1-1-12 電話 03-3355-1812（編集）　03-3355-1951（販売） 振替 00160-0-78270
編集	小谷俊介
編集協力	浅野智哉
取材協力	橋本玄樹、齊藤弘起、槇原淳展
ブックデザイン	華本達哉（aozora.tv）
カバー写真	柚木大介
校正	東京出版サービスセンター
印刷・製本	図書印刷

ISBN978-4-7889-2700-1 C0030